나누고 돕는 마을 공동체 이야기

이장원 글

이화여자대학교에서 정치외교학을 공부하고, 출판사와 방송국에서 일했습니다. 세상의 온갖 이야기에 늘 마음의 눈과 귀를 활짝 열어 두고 있습니다. 그중에서도 누구나 어른이 되어서도 변함없이 자기 가슴속에 품고 있는 영원한 아이의 이야기, 또 세상의 모든 아이들이 어른이 되기까지 겪게 되는 성장과 깨달음이 담긴 이야기에 특히 더 마음을 빼앗기곤 합니다. 쓴 책으로 《임금님 귀는 당나귀 귀》, 《약속을 지킨 설씨 아가씨》, 《여행 기획자가 될 테야》 등이 있습니다. 이 책을 쓰면서 옛 어른들이 만들고 꾸려 온 공동체의 지혜와 아름다움에 흠뻑 빠져들었습니다. 책을 읽는 친구들도 까치 마을 사람들이 살아가는 모습에서 그 지혜와 아름다움을 자연스럽게 느낄 수 있기를 바랍니다.

정인성 그림

홍익대학교 판화과를 졸업했습니다. '2002 한·일 판화 교류전', '보이는 세계 보이지 않는 세계' 전시를 하였습니다. 그린 책으로 《콩쥐 팥쥐》, 《토끼와 호랑이》, 《공을 뺑》, 《소원을 들어주는 서낭당》, 《쪽물이 넘실넘실》, 《아기 도깨비 두뿔이》, 《해와 달이 된 오누이》, 《밤나무 도령》, 《웃음을 주는 아이 피코》 등이 있습니다.

임재해 인터뷰

안동에서 태어난 임재해 교수님은 안동교육대를 졸업한 뒤 초등학교 선생님으로 아이들을 가르쳤어요. 그 뒤 영남대 국문학과를 거쳐 같은 대학교 대학원에서 민속학을 전공하여 박사 학위를 받았지요. 지금은 안동대 민속학과 교수로 있으면서 학생들과 함께 전국 곳곳의 마을을 누비며 전통문화를 조사하고 연구해요. 《마을문화의 인문학적 가치》, 《민족신화와 건국영웅들》, 《신라 금관 기원을 밝힌다》 등 30여 권의 책을 냈으며 학술 연구에 크게 이바지한 업적을 인정받아 제4회 월산민속학술상과 제26회 금복문화상을 받았어요.

나누고 돕는
마을 공동체 이야기

이장원 글 ｜ 정인성 그림 ｜ 임재해(민속학자) 인터뷰

www.totobook.com

글쓴이의 말

나눔과 협동의 정신, 마을 공동체

우리 옛 어른들은 마을을 중심으로 공동체를 이루며 살아왔어요. 마을 사람들이 서로 돕고 나누며 더불어 잘 살고자 하는 공동체 문화는 우리 전통 사회가 농사를 짓고 사는 농경 사회였기에 자연스레 생겨났지요. 농사는 혼자 짓기에는 무척 힘든 일이거든요. 그래서 온 마을 사람이 서로 품을 나누고 힘을 합쳐 공동으로 농사를 지으며 살았답니다.

마을마다 두레를 짜서 바쁜 농사철이 되면 힘든 모내기와 김매기를 했어요. 두레를 나갈 때면 풍물을 앞세워 길놀이를 하고, 노래를 부르면서 일을 하고, 들밥도 푸짐하게 차려 함께 먹었지요. 또 저녁에 일을 마치고 돌아오면서 다시 한바탕 놀이를 즐기며 하루의 고단함을 풀었어요.

우리 옛 어른들이 농사일에만 서로 뜻을 모으고 일손을 나눈 것은 아니에요. 옷감을 짜는 일, 혼례나 장례를 치르는 일, 논이나 소를 장만하는 일도 이웃끼리 힘을 합쳤지요. 또 마을의 길 닦기나 다리 놓기, 우물 청소 같은 일도 같이 했어요. 내 집 일, 남의 집 일을 가리지 않고 모두 우리 마을 일이라고 여겼던 거예요. 그런데 안타깝게도 오늘날엔 이런 정겨운 공동체 문화를 찾아보기 힘들어졌어요.

이 책에는 까치 마을 사람들이 서로 마음을 모으고 힘을 합쳐 더불어 살아가는 모습이 담겨 있어요. 두레와 품앗이를 통해 고된 농사일을 함께 하고, 계 모임을 통해 공동으로 소와 논을 장만하고, 향도를 통해 상례를 치르는 우리 조상들의 삶이 들어 있지요. 이야기를 읽어 가는 동안 기쁨은 더하고 슬픔은 나누는, 따뜻하고 넉넉한 마을 공동체 정신이 얼마나 지혜롭고 아름다운지 알 수 있을 거라 생각해요.

전통문화란 이미 흘러가 버린 과거의 문화가 아니라, 수천 년의 역사를 자랑하며 오늘날까지 계속해서 흘러오고 있는 문화예요. 또 우리를 거쳐 미래의 후손들에게 이어져야 할 소중한 자산이자 보물이지요. 특히 서로 나누고 돕는 마을 공동체 정신은 시간이 갈수록, 또 사회가 변할수록 우리 삶을 더욱 풍요롭게 만들어 줄 거예요.

자, 그럼 이제부터 함께 일하고 먹고 즐기며 행복하게 살았던 까치 마을 사람들을 만나러 떠나 볼까요? 까치 마을 사람들 모습 속에서 우리 옛 공동체 문화를 생생히 느끼고, 지금 우리의 생활에서 어떻게 그것을 되살릴 수 있을지 생각해 보면 좋겠어요.

이장원

책 읽기의 차례

004 글쓴이의 말 | 나눔과 협동의 정신, 마을 공동체

126 온고지신 인터뷰 | 전통문화는 미래를 창조할 희망의 문화유산이에요

134 온고지신 정보 마당 | 아름다운 품앗이로 행복한 마을을 만들어요

- **008** 비나이다 비나이다, 마음 모아 비나이다 —마을 제사—
- **024** 으라차차, 꽁배가 되자꾸나! —두레 회의—
- **038** 오늘은 이 논, 내일은 저 논 —두레 김매기—
- **054** 어기영차 어영차, 덩실덩실 놀아 보세 —백중놀이—
- **068** 날실 씨실 한 올 한 올 엮어서 베를 짜세 —길쌈 품앗이—
- **082** 한 푼 두 푼 모아 소를 살까, 논을 살까 —계 모임—
- **096** 함께 보내는 하늘 나들이 —상례와 향도—
- **112** 마을과 마을이 만나는 정겨운 장터 —장날—

비나이다 비나이다 마음 모아 비나이다

- 마을 제사 -

둥근 보름달이 휘영청 온 마을을 밝히는 정월 대보름 밤.
당산나무 앞에 모인 마을 사람들 한마음으로 기원하네.
둥근 보름달처럼 넉넉하게 풍년 들게 해 주세요!
일 년 열두 달 집집마다 그득하게 복 받게 해 주세요!

　동틀 무렵, 오복이 할아버지는 여느 날보다 일찍 일어났어. 그리고 어제 미리 정갈하게 마련해 둔 옷을 차려입었지. 할아버지는 집 안 이곳저곳을 천천히 둘러보고는 마당에 서서 먼동이 트는 새벽하늘을 올려다보며 간절히 빌었어.

　"오늘 밤에 휘영청 밝고 둥근 보름달을 보게 해 주시고, 부디 당산제를 무사히 치르게 도와주십시오."

　오복이 할아버지는 지난 보름 동안 정월 대보름에 지낼 당산제에 온 정성을 기울여 왔어. 올해 까치 마을에서 지내는 당산제의 제주를 맡았거든. 당산제는 마을을 지켜 주는 당산 신에게 올리는 마을 제사인데, 제사를 잘 치를 수 있도록 이끄는 사람을 제주라고 하지. 그리고 제주는 보통 마을 사람들의 존경을 받는 어른이 맡았어.

"오복이네는 자식 농사를 참 잘 지었어. 다섯 형제가 우애도 좋고, 다들 효심도 깊으니 말이야."

"오복이 할아버지는 마을에서도 항상 큰 어른 역할을 해 주시니, 우리 마음이 참 든든하지."

까치 마을 당산제는 마을 어귀에 서 있는 오백 년 된 커다란 은행나무 아래서 지내. 마을 사람들은 그 나무를 '당산나무'라고 불렀어. 또 '할머니 당산'이라고도 했는데, 그 나무에 마을을 지켜 주는 할머니 당산 신이 깃들어 있다고 믿었기 때문이야. 사람들은 크고 작은 일이 있을 때마다 당산나무를 찾아가 소식을 알렸고, 모든 일이 잘되기를 두 손 모아 빌곤 했지. 그리고 둥근 보름달이 맨 처음 뜨는 정월 대보름이면 늘 당산제를 올리며 건강하고 풍요로운 한 해를 기원했어.

마을 사람들은 하나같이 오복이 할아버지를 존경하고 따랐어. 집안을 평안하게 잘 이끌어 온 데다 마을 일에도 지혜로운 어른 역할을 톡톡히 해 오셨거든. 새해에

열린 첫 마을 회의에서 오복이 할아버지에게 당산제 제주를 맡아 달라고 뜻을 모은 것은 당연한 일이었어.

당산제 제주에 뽑힌 뒤로 오복이 할아버지는 늘 몸가짐과 마음가짐을 조심했어. 날마다 깨끗이 목욕을 했고, 술과 고기는 입에 대지 않았고, 나쁜 생각과 험한 말도 삼갔어. 또 집 안을 깨끗이 쓸고 닦았지. 대문에는 솔가지와 숯을 끼운 금줄을 쳐서 사람들이 집 안에 함부로 드나들지 못하게 했어.

오복이네 집뿐만 아니라 마을로 들어오는 입구 곳곳에도 금줄을 둘렀어. 그리고 당산제를 지낼 때까지 마을 사람들은 마을 밖으로 나가지 않았지. 당산나무에도 금줄을 치고 나무 주위에서 마을 어귀까지 붉은 황토를 뿌려 놓았어. 이렇게 하는 건 나쁜 기운을 몰고 다니는 잡귀들이 마을로 들어오지 못하게 막기 위해서야.

오복이 할아버지가 당산제 때 읽을 축문을 쓰는 사이에 오복이 할머니와 오복이 어머니는 마을 아주머니들과 함께 정성껏 제사 음식을 장만했어. 오복이 어머니가 첫새벽에 마을 우물에서 길어 온 물로 밥을 안치고 음식을 만들었지. 전날부터 마을 우물에도 금줄을 쳐 놓아 당산제를 올릴 때까지 다른 사람은 아무도 물을 길어 가지 못했어.

당산제에 쓰는 갖가지 음식 재료는 닷새마다 열리는 오일장에서 장을 봐 왔어. 장을 볼 때는 절대 값을 깎으면 안 되고 가장 좋은 것으로 골라야

했지. 당산제를 준비할 때는 곧고 맑은 마음가짐으로 정성을 다해야 했거든.

제사 음식을 만드는 것도 마찬가지야. 정성스럽고 깔끔해야 했기 때문에 조심, 또 조심을 했지. 음식에 머리카락이 빠지지 않도록 머릿수건을 하고, 행여 침이라도 튈까 싶어 입에 창호지를 물었어. 또 음식에 고춧가루는 쓰지 않고, 간을 보거나 맛을 보지도 않았어. 음식을 만드는 동안 아낙네들은 마음속으로 정성을 다해 빌었지.

'당산 할머니, 저희 정성을 어여삐 받아 주셔서 우리 마을에 복을 가져다주시고 나쁜 일은 막아 주세요.'

뉘엿뉘엿 해가 질 무렵이 돼서야 제사 음식이 다 마련됐어. 오복이 할머니는 그제야 부엌에서 나와 허리를 펴고 툇마루에 앉아 쉬었어. 종일 풀 방구리에 쥐 드나들듯 부엌문을 기웃거리던 오복이가 얼른 할머니 무릎께에 가까이 다가와 물었어.

"할머니, 오늘 제사는 누구한테 올리는 거예요?"

"당산 할머니께 올리는 제사지. 우리 마을이 두루두루 평안하고, 마을 사람들 모두 건강하게 지내도록 보살펴 달라고 말이야. 그리고 올해도 풍년 들게 해 달라고 온 마을 사람이 마음을 모아 정성껏 드리는 마을 제사란다."

"그럼 당산 할머니가 진짜로 우리 소원을 들어주나요?"

할머니가 인자하게 웃으며 오복이에게 자분자분 말했어.

"아무렴, 그렇고말고. 옛날부터 새해에 맨 처음 뜨는 정월 대보름달을 보면서 당산 신께 한 해의 소원을 빌면 그 소원이 이루어진다고 생각했단다. 휘영청 밝게 떠오르는 정월 대보름달은 어둠과 질병, 나쁜 일을 밀어내는 힘이 있다고 믿었거든. 또 둥근 보름달을 보면서 당산제를 올리면 한 해 농사가 보름달처럼 풍성하게 잘돼서 풍년이 들 거라고 여겼지."

오복이는 할머니 이야기를 들으며 오늘 밤 당산제 때 어떤 소원을 빌까 생각했어.

어느새 까치 마을에 어둠이 성큼성큼 내려와 앉았어. 오복이네 집 마당에 흰 바지저고리에 빨강, 노랑, 파랑의 삼색 띠를 두르고 고깔을 쓴 풍물꾼이 하나둘 모여들었어. 곧 당산제가 시작될 거라고 마을 사람들에게 알리기 위해서 모인 거야.

잠시 뒤 꽹과리와 징, 장고, 북 등을 손에 든 풍물패가 모두 모이자 흥겹게 풍물을 울리면서 당산나무를 향해 길을 나섰어. 그 뒤를 오복이 할아버지와 당산제를 모실 마을 사람들이 따랐지. 당산나무까지 행렬이 길게 이어졌어.

당산나무 앞에 다다르자, 풍물패의 상쇠인 덕배 아버지가 꽹과리를 번쩍 들어서 느린 가락으로 치기 시작했어.

갱, 갱, 갱, 갱, 갱갱갱갱…….

곧 풍물패는 당산나무 앞에 한 줄로 늘어서서 허리 숙여 절을 했어. 그러고는 당산나무 주위를 빙빙 돌며 흥겹게 풍물을 울려 댔지. 꽹과리와 징, 장구와 북이 어우러진 풍물 소리가 당산나무를 출렁출렁 에워쌌어.

풍물 소리가 까치 마을 하늘을 가득 채워 가고 있는 동안 정월 대보름달이 휘영청 높이 떠올랐어. 그리고 자정이 가까워질 무렵, 당산나무 앞에 제사상이 차려졌어.

상 위에 나란히 놓인 촛불을 켜자 달빛과 촛불이 한데 어우러져 당산나무 주위가 제법 환하게 밝았지. 이제 풍물 소리도 멈추고, 당산나무 주위는 한껏 엄숙해졌어.

오복이 할아버지가 제사상 앞에 무릎을 꿇고 앉아 향불을 켜고 술을 따라 올렸어. 그리고 절을 한 다음 힘 있는 소리로 축문을 읽었어.

"오늘 정월 대보름날을 맞아 까치 마을 사람들이 정성껏 음식을 장만해서 당산 신께 제를 올립니다. 지난 한 해도 별 탈 없게 잘 지켜 주시어 감사드립니다. 올 한 해도 모든 병을 물리쳐 주시고 마을이 두루 평안하기를 기원하옵니다. 우리 마을에 사는 모든 이에게 만복을 내려 좋은 일만 그득하기를 바라옵고, 백 가지 곡식의 알이 다닥다닥 달려 풍년이 들기를 간절히 기원하옵니다."

오복이 할아버지가 축문을 다 읽고 나서 축문을 쓴 종이에 불을 붙여 하늘로 날렸어. 마을 사람들은 그 모습을 지켜보며 다 같이 손을 모아 마을의 평안을 기원했지. 그러고는 저마다 소망을 적은 흰 종이에 불을 붙여 하늘로 날려 보냈어. 이렇게 소원을 적은 종이를 태워 하늘로 날리면 당산 신이 나쁜 일을 막아 주고 소원을 들어준다고 믿었거든.

'시름시름 앓는 어머니가 얼른 기운을 차려서 자리를 떨치고 일어나게 해 주세요.'

'올해는 우리 딸이 부디 좋은 짝을 만나 백년가약 맺게 해 주세요.'

'올봄에 첫 손주가 태어납니다. 부디 순조롭게 건강한 아기가 태어나도록 보살펴 주세요.'

'집 떠나 있는 우리 아들, 올 한 해도 몸 건강하게 지켜 주십시오.'

하늘을 향해 높이 올라가는 연기와 바람에 날리는 재를 바라보며 사람들은 저마다 마음속에 품은 소원을 간절히 빌었어. 그 소원에 희망의 기운을 불어넣듯이 풍물이 다시 흥겹게 울리기 시작했어.

깽깽깽깽 덩덕 쿵덕쿵 덩덕 쿵덕쿵 쿵덕쿵.

자리에 모인 마을 사람들이 제사 음식을 함께 나누어 먹고, 풍물 소리에 맞춰 들썩들썩 어깨춤을 추었어. 당산나무 앞이 즐거운 마을 잔치 마당이 되었지.

"오늘 정월 대보름달이 이리도 밝은 걸 보니 올해는 맡아 놓고 풍년일세, 풍년이야!"

"그럼. 올해도 당산나무에 은행 알이 주렁주렁 열리듯 까치 마을에도 풍년이 들 걸세."

둥글고 환한 보름달을 올려다보며 사람들은 기쁜 마음으로 서로 덕담을 주고받았어.

당산제를 마친 다음 날, 이른 아침부터 까치 마을에 또다시 풍물 소리가 흥겹게 울리기 시작했어. 밝은 아침 햇살을 받으며 마을 사람들이 하나둘 당산나무 앞으로 모여들었지.

마을 사람들은 당산나무 주위를 한 바퀴 돈 풍물패를 따라 흥겹게 어깨를 들썩이며 마을 우물 앞으로 갔어. 이제부터 우물굿을 지내려는 거야. 상쇠인 덕배 아버지가 우물 앞에 서더니 꽹과리를 치며 큰 소리로 흥얼거렸어.

"여기가 어디냐? 신 나게 놀고 오다 보니 우리 마을 우물이로구나. 우리 모두 용왕 신께 일 년 내내 맑고 깨끗한 물을 달라고 빌어 봄이 어떠냐?"

"거, 좋지!"

풍물패가 상쇠의 노랫소리에 맞춰 풍물을 울리며 대답했어.

뚫어라 뚫어라, 펑펑 뚫어라.
솟아라 솟아라, 맑은 물만 솟아라.
마을 사람 모두 먹더라도
건강하고 풍년 들게 비나이다.

마을 사람들은 우물에 우물 신이 있어서 물이 마르지 않게 한다고 믿었어. 마을 우물은 마을에 사는 사람들 모두 함께 길어 먹는 물이라 무척 소중했어. 가뭄이 들어 물이 나오지 않거나, 어쩌다 우물이 더럽혀지는 일이 생기면 그 고생이 이만저만 아니었지. 그래서 정월 대보름이나 백중날이 되면 마을 사람들이 모여 일 년 내내 우물이 마르지 않고 물맛을 좋게 해 달라고 기원을 했어.

마을 우물굿을 마친 풍물패는 이제 집집마다 돌아다니며 지신밟기를 했어. 지신밟기는 집을 지키는 신들을 달래고 복을 비는 거야. 집을 지키는 신들에게 제사를 드리면서 나쁜 기운을 몰아내고 집집마다 평안하기를 비는 마을 행사지. 지신밟기를 하는 순서는 마을 회의에서 함께 의논해서 결정을 해. 또 지신밟기를 하면서 거두어들인 돈은 마을 공동 경비로 썼어.

풍물패와 마을 사람들은 먼저 오복이 할아버지네 집으로 갔어. 대문 앞에 이르자 상쇠가 큰 소리로 외쳤어.

"주인 양반, 문 여시오! 나그네 손님 들어가오."

풍물패는 마당으로 들어서자 다시 신 나게 풍물을 쳤어. 악기를 치면서 마당을 작신작신 밟았지. 그러고는 집 안 곳곳을 차례로 돌아가면서 지신밟기를 했어.

부엌에 들어가서는 부엌 신인 조왕신에게 "이 집안의 재산을 잘 지켜 주십시오." 하고 빌고, 장독대에 가서는 "이 집 장맛을 좋게 해 주십시오." 하고 빌었어. 그리고 곳간에 가서는 "곡식이 떨어지지 않고 늘 가득 차게 해 주십시오." 하고 빌고, 마구간에 가서는 "소와 말이 탈 나지 않고 일 잘하게 해 주십시오." 하고 빌었지. 이렇게 집 안 곳곳을 돌고 나서 대문 앞에서 마지막 기원을 했어.

"이 집 식구 모두 운수 대통하시오. 그리고 일 년 열두 달 삼백육십오 일, 재수가 물 묻은 바가지에 깨 달라붙듯 다닥다닥 달라붙으시오."

한바탕 풍물을 치면서 오복이 할아버지네 지신밟기를 마쳤어. 오복이 할

아버지가 풍물패에게 인사를 건넸지.

"지신밟기로 집 안 곳곳마다 복을 빌어 주니, 올해는 궂은일 하나 없이 만사 두루 잘 풀리겠네. 자네들도 모두 복 많이 받으시게."

마당에 술과 음식이 정성껏 차려졌어. 풍물을 치느라 땀 흘린 풍물패와 구경 온 마을 사람들은 떠들썩하게 웃으며 음식을 나눠 먹었지. 다시 기운을 차린 풍물패는 흥겨운 풍물 소리와 함께 다음 집으로 갔어. 까치 마을의 지신밟기는 날이 저물 때까지 계속 이어졌지.

다 함께 풍년과 건강을 비는 마을 제사, 동제

> 함께하는 공동체 이야기

마을 사람들이 다 함께 모여 한마음 한뜻으로 정성껏 지내는 마을 제사를 '동제'라고 해. 동제에서 모시는 신의 이름을 붙여 당산제, 산신제, 용신제, 장승제 등으로 부르기도 하지. 마을 사람 모두 건강하고 행복하게 지내기를 비는 거야. 농촌에서는 주로 풍년을 기원하고, 어촌에서는 고기를 많이 잡게 해 달라고 빌지.

동제는 지역에 따라 조금씩 다르지만, 어느 마을에서든 저마다 하는 일이 잘되고 마을이 평안하길 비는 것은 같아. 그래서 동제를 잘 치를 수 있도록 마을 사람 모두 나쁜 일을 삼가고, 힘을 모아 제사 비용도 마련하고 음식을 만드는 거야. 자연스럽게 협동심과 단결력을 기르면서 모두가 하나라는 공동체 의식을 쌓게 되지. 또 동제 때 한데 어우러져 노래 부르고 춤추고 즐기면서 마을의 전통문화를 보존하고 계승시키기도 해.

으라차차 꽁배가 되자꾸나! ←두레 회의→

까치 마을 두레가 새 두레꾼을 뽑는다네.
으라차차 힘을 내어 들돌을 번쩍 드세.
불끈불끈 힘자랑해서 기운찬 꽁배가 되어 볼까?
두레에 팔팔한 기운을 보태 풍년 농사 지어 보세.

봄이 오는 걸 시샘이라도 하듯 차가운 꽃샘바람이 부는 음력 이월이 됐어. 찬 바람에도 아랑곳하지 않고 까치와 박새, 참새가 팔랑팔랑 날아다녔지. 새들의 가벼운 날갯짓에서 보드라운 새봄의 숨결이 느껴졌어. 저 만치에서 어린 병아리처럼 새봄이 잰걸음으로 다가오는 것 같았어. 겨우내 얼어 있던 땅이 조금씩 풀리고, 겨울잠을 자던 개구리가 기지개를 켜며 꿈틀거리기 시작했지. 까치 마을 사람들도 새봄 맞을 채비를 하고 있어. 봄에 뿌릴 씨앗을 챙기고, 겨우내 걸어 두었던 농기구를 꺼내 손질을 하면서 이제 다시 시작될 한 해 농사를 준비했지.

음력 이월 초하루 아침, 덕배 할머니는 가마솥에 검정콩을 볶고 있어.

"달달 볶아라. 새알 볶아라, 쥐 알 볶아라, 콩알 볶아라."

 할머니는 살랑살랑 노래하듯 흥얼거리며 가마솥에다 콩을 볶았어. 뜨겁게 달구어진 솥 안에서 "따닥, 따다닥!" 요란한 소리가 들리며 콩 볶는 고소한 냄새가 온 집 안에 퍼져 나갔어. 그 냄새를 따라 정배가 쪼르르 부엌으로 왔고, 덕배도 슬그머니 정배를 따라와 부엌문을 빼꼼히 열고 고개를 디밀었어. 할머니는 손사래를 치며 두 손자가 뜨거운 가마솥 가까이에 오는 걸 말렸어.

 "아이고, 녀석들하고는. 행여 데면 어쩌려고? 불 가까이 오지 말고 방에 가 있어라. 다 볶으면 어련히 알아서 할미가 갖다 줄 텐데."

 "할머니, 오늘 덕배 형이 들돌 든다고 콩을 볶으시는 거예요?"

 정배가 할머니에게 물었어.

 "옛날부터 음력 이월 초하루에는 콩을 볶아 먹었단다. 콩을 볶아 먹으면 새와 쥐가 없어져서 곡식을 축내는 일이 없다더라. 또 이맘때 콩 한 말을 먹으면 소 한 마리를 먹은 것과 같다고 했어. 추운 겨울을 나는 동안 허약해진 몸에 콩이 그만큼 좋다는 뜻이지. 게다가 오늘은 우리 덕배가 힘겨루기를 하는 날이니, 이 검정콩이 보약 노릇을 할 게다."

"아, 그렇구나. 할머니, 그럼 오늘 형이 들돌을 번쩍 들어 꽁배가 되면 그게 다 검정콩 보약 덕분이겠네요."

정배가 헤헤 웃는 얼굴로 할머니와 형을 번갈아 돌아보며 말했어.

"우리 정배 말처럼 정말 그리되면 좋겠네. 덕배가 들돌을 들어 두레의 꽁배 자리에 들면 그때부터는 어엿한 사내가 되는 거니까, 너도 이제부터는 형님을 어른으로 대접해야 한다."

할머니는 정배의 머리를 쓰다듬으며 말했어. 그러고는 어느새 키가 훌쩍 커 버린 덕배를 흐뭇하게 바라보았어.

"우리 큰 손주가 언제 이리 다 컸을꼬. 코흘리개였던 때가 엊그제 같은데, 어느새 이렇게 어깨가 떡 벌어진 의젓한 열여섯 살 총각이 되었네. 덕배야, 할미가 볶아 주는 검정콩 꼭꼭 씹어 먹고 오늘 거뜬하게 들돌을 들어야 한다. 알았지?"

"네. 오늘 제가 보란 듯이 들돌을 번쩍 들어서 꼭 꽁배가 될 거예요."

덕배가 자신 있다는 듯 활짝 웃으며 말했어.

덕배는 마을 사람들이 다 모인 자리에서 꼭 들돌을 들어 보이자고 다시 한 번 다짐했어. 얼른 당당한 어른이 되고 싶었거든. 두레의 새 일꾼이 되어 농사일도 배우고, 아버지처럼 멋지게 풍물도 치고 싶었지. 꽁배가 되면 누구보다 할머니가 가장 기뻐하실 테고, 정배도 형이 자랑스러워 우쭐거릴 테니, 그런 생각만으로도 덕배는 벌써부터 마음이 설레었어.

오늘은 까치 마을에서 두레 회의가 열리는 날이야.

두레는 혼자 하기 힘든 농사일을 마을 사람들이 공동으로 하기 위해 만든 마을 조직이야. 내 논, 네 논 가리지 않고 모내기도, 김매기도 두레에서 같이 해. 모내기 철은 농촌에서 가장 바쁜 때고, 김매기 철은 일 년 중에서 가장 더운 때인데, 이럴 때 혼자 하면 며칠씩 걸릴 일을 두레에서 여럿이 같이 하면 하루에도 여러 집 논일을 마칠 수 있거든. 두레가 있으니 혼자서 농사일을 할 때보다 훨씬 든든하고 가뿐하지.

오늘 열리는 두레 회의에서는 마을의 한 해 농사를 계획하고 준비해. 이때 두레를 이끌고 지휘하는 좌상과, 좌상을 도와 일하게 될 일꾼을 결정하고 새로 두레꾼이 될 꽁배도 뽑아.

아침을 먹고 났을 즈음, 당산나무 옆 모정에 두레 회의를 할 어른들이 하나둘 모여들었어. 자리에 모인 어른들은 먼저 두레의 좌상부터 의논해서 결정했어.

"올해 우리 마을 두레 좌상은 수봉이 할아버지가 맡아 주십시오."

"몇십 년 동안 농사를 지어 오셨으니 누구보다 지혜롭게 우리 두레를 잘 이끌어 주실 거예요."

마을 사람들은 한마음으로 수봉이 할아버지를 두레 좌상으로 모셨어. 좌상은 두레에서 함께 할 마을의 농사일을 계획하고 이끄는 가장 큰 어른을 말해. 좌상은 마을 농사일의 차례를 정하고, 두레꾼들의 품삯도 정하지. 또 그날 그날 작업이 잘 이루어지도록 이끌고 일이 잘못되었을 때는 다시 하도록 지시를 내리기도 해. 두레에서는 누구든 좌상의 말을 잘 들어야 하지. 그래야 서로 일손이 잘 맞고 능률도 오르거든.

두레에 새로 들어오는 어린 농사꾼인 꽁배는 두레를 따라다니며 이런저런 잔심부름을 하면서 일손을 돕지. 담뱃불을 담은 화로를 들고 다니고, 논에 들어간 두레꾼들의 신발을 정리하고, 여름 논에 날아다니는 벌레인 각다귀를 쫓아. 그리고 소를 돌보기도 하고, 들밥이 나올 때는 같이 거들기도 해. 이런 일을 하면서 농사일을 하나하나 배워 가는 거야.

그런데 꽁배가 되려면 마을 사람들 앞에서 들돌을 들어 농사일을 할 만한 힘이 있다는 걸 보여 줘야 해. 쌀 한 가마니보다 무거운 들돌을 너끈히 들어서 꽁배가 되면, 그때부터는 어엿한 어른으로 인정을 받지.

이제 두레 회의에서는 올 한 해 농사 계획을 짜기 시작했어.

"먼저 모내기와 김매기를 할 차례를 정합시다."

"점례네 논이 풀이 많이 나고 땅이 단단해서 호미질할 일이 많으니, 그 논부터 시작하는 게 좋겠어요."

"김매기는 음력 유월에 시작해서 모두 세 차례에 나눠 합시다. 초벌 매고 나서 일주일 뒤에 두벌매기, 그 일주일 뒤에 세벌 김매기를 하도록 하지요."

"하루 품삯은 장정 한 사람은 쌀 서 되, 아이들과 여자들은 남자 어른의 절반인 쌀 한 되 반으로 매기는 게 어떻겠어요? 농사일에 큰 힘이 되는 소는 하루에 쌀 닷 되를 품삯으로 쳐 주고요."

"홍이네는 농사일할 사람이 없으니 우리 두레에서 다 같이 해 줍시다."

"농사일로 바빠지기 전에 지난 장마 때 허물어진 마을 앞 다리부터 손보면 좋겠어요."

두레 회의에서는 여러 의견이 나와서 하나하나 의논해 뜻을 모았어.

"이렇게 올해 두레를 다 짰으니, 올 한 해 농사도 서로 마음을 맞추고 일손을 합쳐서 잘 지어 봅시다."

두레 회의를 마치며 좌상인 수봉이 할아버지가 말했어.

두레 회의를 마친 마을 사람들은 당산나무 앞에 빙 둘러앉았어. 곧 올해 두레에 새로 들어올 꽁배를 뽑는 들돌 들기 시합이 펼쳐질 거야.

까치 마을 당산나무 아래에는 둥글고 커다란 들돌이 세 개 자리 잡고 있어. 들돌은 '들어 올리는 돌'이라는 말이야. 까치 마을 남자아이들은 이 들돌과 함께 놀면서 어른이 되었어. 당산나무 그늘 아래 모여서 놀 때면 남자아이들은 나이가 많거나 적거나 상관없이 다들 한 번씩 돌을 들어 보거나 돌과 씨름을 했지. 처음에는 작고 가벼운 돌을 이리저리 굴려 보다가 점점 자라면서 힘이 세지면 조금씩 더 큰 돌을 들어 보았어.

덕배도 열두어 살 무렵부터 틈만 나면 들돌 들기 연습을 했어. 가벼운 들돌부터 시작해서 차츰차츰 크고 무거운 들돌을 끌어안고 힘을 써 봤어. 처음에는 집채만큼이나 커다랗게 보이면서 꿈쩍도 안 하던 가장 큰 들돌을 지난 가을에는 드디어 무릎께만큼 들어 올릴 수 있었지 뭐야. 들돌 들기에 성공했다는 건 힘자랑이 될 뿐만 아니라 어엿한 두레 일꾼이 될 수 있다는 것을 뜻하지.

드디어 덕배가 그동안 쌓아 온 들돌 들기 솜씨를 뽐낼 차례가 되었어. 앞에 나섰던 다른 남자아이들이 모두 들돌 들기에 실패한 탓에 덕배는 더욱 긴장이 됐어.

"이번에 덕배가 나왔네. 간밤에 좋은 꿈 좀 꾸었는가?"

"힘이 불끈 들어간 저 어깨 좀 보소. 저깟 들돌쯤이야 한 손으로도 번쩍 들고도 남겠는걸."

마을 어른들은 덕배에게 한마디씩 덕담을 건넸어. 구경 나온 마을 아이들도 함성과 박수를 보냈어. 그 무리 속에 동생 정배의 얼굴도 보였어. 정배는 형에게서 눈을 떼지 못하고 누구보다 크게 손뼉을 치고 있었어.

덕배는 마른침을 꿀꺽 삼키며 주먹을 꼭 쥐고는 커다란 들돌 앞에 가 섰어. 그리고 스스로 힘을 내는 주문을 외듯 속으로 되뇌었어.

'나는 들 수 있어. 연습한 대로만 하면 돼. 나는 이 돌을 번쩍 들 거야.'

덕배는 배와 장딴지에 힘을 바짝 주어 무게 중심을 잡고 천천히 몸을 숙여 들돌을 잡았어. 들돌의 양쪽 옆 둥그런 모서리는 수많은 사람의 손길에 닳아 매끈매끈했지. 덕배는 가슴 가득히 숨을 크게 들이마시고는 두 팔에 힘을 꾹 주어 들돌을 들어 올렸어.

"끄응."

덕배 입에서 절로 힘겨운 신음이 새어 나왔어.

"와, 돌이 들린다, 들려! 조금만 더 힘을 주게."

"어여차, 들돌을 들어라! 어여차, 들돌을 넘겨라!"

사람들이 외치는 소리가 덕배 귓전에서 메아리처럼 웅웅 울려 댔어.

덕배는 젖 먹던 힘까지 짜내 들돌을 들어 올리느라 얼굴이 벌겋게 달아오르고 팔뚝엔 힘줄이 터질 듯이 불끈 도드라졌어. 마침내 덕배는 배 속 저 깊숙이에서 올라오는 "어여차!" 소리를 내지르며 커다란 들돌을 허리께까지 번쩍 들어 올렸지.

"우아! 우리 마을에 새 장사가 났네, 났어."

"이제 덕배가 우리 두레의 새 꽁배가 됐구먼. 들돌을 저리 번쩍 들 만큼 힘이 좋으니 앞으로 농사일도 잘하겠네."

마을 사람들 모두가 자기 일처럼 기뻐하며 들돌 들기에 성공한 덕배를 축하해 주었어. 덕배는 벙싯벙싯 얼굴 가득 번져 나오는 웃음을 감추지 못했어. 들돌을 제자리에 내려놓고서야 여유가 생겨 사람들을 죽 둘러보니 할머니, 어머니, 아버지, 정배가 모두 활짝 웃으며 덕배를 자랑스럽게 바라보고 있었어.

덕배 아버지가 집에서 준비해 온 막걸리를 마을 어른들에게 한 사발씩 돌렸어. 덕배가 꽁배에 들게 된 걸 기뻐하며 막걸리로 인사를 하는 거야.

"이야, 올해 덕배가 내는 꽁배술 맛이 기가 막히네!"

"덕배 자네는 이제 어엿한 장정이란 걸 인정받았으니까 곧 장가가도 되겠는걸."

막걸리를 마시며 마을 어른들이 던지는 장난스런 말에 덕배는 얼굴이 발그레해지면서도 그리 싫지 않은 기색이었어. 새봄이 오는 것처럼 이제 까치 마을 두레에도 젊은 일꾼 하나가 새로 들어오게 된 거야.

한껏 흥이 오른 마을 사람들은 당산나무 옆에 세워 놓은 볏가릿대를 에워쌌어. 지난 정월 대보름에 당산제를 올리면서 당산나무 옆에 높다란 볏가릿대를 세워 놓았지. 볏가릿대는 농사가 잘되고 마을이 평안하기를 비는 뜻에서 세우는 건데, 볏가릿대 꼭대기에는 벼와 보리, 조, 콩, 팥 같은 곡식 씨앗이 담긴 주머니를 매달아. 그리고 보름이 지난 뒤에 그 볏가릿대를 눕혀서 높이 달아 놓았던 곡식 주머니를 열어 보고 농사가 잘될지를 점쳐 보는 거지. 곡식 씨앗에 싹이 나 있으면 풍년이 들고, 그렇지 않으면 흉년이 든다고 생각했거든.

　"와, 오곡에 고루 싹이 돋았어요!"

　"올해는 큰 풍년이 들겠는걸."

　다들 싹이 난 씨앗을 보며 활짝 웃었어.

모정에서 열리는 한 해 농사 계획, 두레 회의

함께하는 공동체 이야기

모정은 여름에 많이 이용했기 때문에 방이 없이 마루만 놓았고 짚이나 억새로 지붕을 얹었어. 양반이 이용했던 정자와 달리 농부나 일꾼을 위해 마을에서 공동으로 만들었지. 양반은 모정에 가고 싶어도 농부들이 논밭으로 일하러 간 뒤에야 잠시 쉴 수 있었어.

이렇게 모정은 농부들의 좋은 쉼터이면서 두레 회의가 열리는 곳이기도 했어. 두레 회의가 열릴 때면 두레에서 일할 마을 남자들이 모여 농사 계획을 세우고 품삯을 정했지. 두레꾼은 보통 한 집에서 한 명꼴로 나왔고, 일할 남자가 없는 집에선 두레꾼 대신 품삯을 냈어. 만약 품삯도 내지 못할 정도라면 두레에서 그냥 농사를 지어 주었지. 그리고 신입 두레꾼인 꽁배는 대개 열일곱 살 전후에 받아들였는데, 덩치가 크고 기운이 센 경우엔 열여섯 살에 받아들이기도 했어.

두레에서는 일을 게을리하거나 아침에 늦게 나오는 두레꾼들에게 벌을 주기도 했어. 막걸리를 꽹과리에 가득 부어 마시게 하거나, '송아지 따비'라고 해서 송아지 뒤를 졸졸 쫓아다니게 했지. 사람들의 놀림거리로 만들어 창피를 주려고 했던 거야.

오늘은 이 논
내일은 저 논

-•- 두레 김매기 -•-

흥겨운 풍물 소리 앞세워 김매기 두레 나가네.
둥둥둥 북소리 맞춰 한마음으로 김매기 하세.
앞서거니 뒤서거니 노랫가락 주고받으며 호미질하세.
다 같이 둘러앉아 들밥 쓱쓱 먹으니 기운이 쑥쑥 솟네.

음력 유월이 되자 까치 마을의 들녘이 온통 초록빛으로 물결쳤어. 산과 들에 가득한 꽃과 나무와 과일은 햇살과 바람과 비를 머금고 한껏 자랐지. 모내기를 마치고 한 달쯤 지난 모도 이제는 자리를 잡고 땅 내음을 맡으며 쑥쑥 자랐어. 한데 모만 쑥쑥 크는 게 아니라 잡초도 무서운 기세로 자라서 큰일이었지. 부지런히 김매기를 해 줘야 할 때가 된 거야. 옛말에 "호미질 한 번에 벼 백 포기가 달렸다."고 했으니 때를 놓치지 말아야지. 그런데 김매기만큼 혼자 하기 힘들고 손이 많이 가는 일도 없어. 이럴 때 마을에선 김매기 두레를 해. 오늘 까치 마을에서도 김매기 두레를 하기로 했어.

동이 틀 무렵, 풍물패의 징 소리가 크게 울려 퍼졌어. 그 소리를 듣자, 마을 남정네들이 서둘러 아침밥을 먹었어. 김매기 두레를 알리는 풍물 소리가 울리고 있으니, 얼른 김매기 채비를 해서 당산나무 앞에 모여야 했거든.

"아유, 좌상 어른은 벌써 나와 계시는구먼요."

점례 아버지가 당산나무 아래 서 있는 수봉이 할아버지에게 공손히 인사를 했어.

"자, 다들 모였나? 그럼 모두 한마음으로 김매기를 잘해 보세!"

수봉이 할아버지가 두레꾼들을 둘러보며 말했어.

그 말에 대답이라도 하듯 풍물이 기운차게 울렸고, 그에 맞춰 커다란 두레기가 힘차게 펄럭였어. 두레기에는 '농자천하지대본(農者天下之大本)'이라고 씌어 있었지. 농사짓기가 사람들이 살아가는 일의 가장 큰 근본이라는 뜻이야.

두레꾼들이 둘러선 가운데 당산나무 앞에 두레기를 우뚝 세웠어. 그리고 깃발 아래에 맑은 물 한 그릇과 쌀 한 그릇을 올리고 북어를 꽂아 상을 차렸어. 수봉이 할아버지가 술을 한 잔 올리고 절을 하며 기원했어.

"오늘 까치 마을 두레가 김매기를 나갑니다. 김매기를 순조롭게 마치도록 도와주시고, 올해 농사도 풍년 들게 해 주십시오."

드디어 두레패가 풍물패와 두레기를 앞세우고 김매기 할 논

으로 향했어. 우뚝 솟은 두레기가 맨 앞에 서고 꽹과리와 징, 장고, 북이 그 뒤를 따랐어. 그리고 두레꾼들은 줄지어 걸어갔지. 서로 한마음으로 어우러지듯 풍물이 온 들녘에서 쨍쨍 울려 대고, 두레기가 바람에 펄럭펄럭 나부끼고, 두레패의 발걸음이 흥겹고도 힘찼어. 힘든 김매기를 하러 가는 길이지만, 꼭 잔칫날처럼 왁자지껄 신이 났어. 동네 아이들도 뜀박질을 하며 따라나섰고, 강아지들도 줄레줄레 그 뒤를 따라갔지.

　풍물을 울리며 한 줄로 나아가던 두레패 행렬이 점례네 논에 다다랐어. 두레패는 우선 논두렁 가장자리에 두레기를 꽂았지. 여기서부터 김매기를 시작한다는 표시야.

　수봉이 할아버지가 논두렁 중간에 서서 김매기를 시작하라고 지시했어. 그러자 북을 든 북재비가 앞장서서 논으로 들어갔고, 뒤이어 두레꾼들이 바짓가랑이를 훌훌 걷어 올리고 따라 들어갔지.

　"둥 둥 둥둥!"

　북재비가 북을 치면서 "얼럴 상사디여." 하고 앞소리를 메기자, 두레꾼들이 "얼럴 상사디여." 하고 뒷소리로 맞받으며 호미질을 하기 시작했어.

얼럴 상사디여.
얼럴 상사디여.
가세 가세, 어서 가세.
이 논배미 매고서
저 논배미로 가세.
얼럴 상사디여.

찌는 듯한 뙤약볕에 팥죽땀을 비 오듯 흘리면서도 다 같이 박자 맞춰 노래를 부르니 김매기가 훨씬 쉬웠어. 흥겨운 노래 장단에 맞춰 한 줄 한 줄 앞으로 나아가며 호미질을 하다 보니 어느새 점례네 논의 김매기가 거의 다 끝났어.

시간이 흐르면서 해는 하늘 한복판에서 이글거리고, 한 점 그늘도 없는 뙤약볕 아래 논바닥에 엎드려 호미질하는 두레꾼들 등이 뜨끈뜨끈하게 익어

갔어. 한 이랑 한 이랑 김을 매면서 흘린 땀이 삼베옷을 흠뻑 적시고 논바닥도 적셨지. 호미를 쥔 손목이 시큰거리고 허리가 끊어질 듯 아파 왔어.

"세상에 제일 힘센 게 풀이라더니, 이놈의 풀 뽑기가 사람 진을 다 빼네."

"옛말에 쌀 한 톨에 농부의 땀이 일곱 근 들어 있다고 하지 않던가. 오늘 흘린 땀이 고스란히 벼를 쑥쑥 키워 주는 양분이 되고 거름이 될 테지."

힘든 김매기에 지쳐 가던 두레꾼들은 가볍게 지나가는 한 줄기 산들바람에 잠시 허리를 펴고 얼굴에 흐르는 땀을 훔쳤어.

두레꾼들이 김매기 하느라 땀을 흘리는 동안, 점례네 부엌에서는 동네 아낙들이 들밥으로 내갈 점심을 장만하느라 무척 바빴어. 오늘 김매기를 하는 집 아낙들이 모두 모여 함께 일했지.

무쇠솥에 보리밥을 갓 지어 내고, 아욱 된장국을 넉넉하게 끓였어. 잘 익은 열무김치는 단지에 담고, 들나물 몇 가지를 데쳐 들기름에 오물조물 무쳤어. 아껴 두었던 장아찌를 꺼내 오고, 채마밭에서 방금 따 온 상추와 고추를 씻어 건져 놓고, 구수한 보리된장과 매콤한 고추장, 짭짤한 새우젓도 따로 담았어. 비록 기름진 쌀밥과 고기반찬은 아니어도 정성과 솜씨만은 한껏 담아 장만한 음식이야.

점례 어머니와 마을 아낙들은 음식을 광주리에 나눠 담았어. 그러고는 짚으로 동그랗게 튼 똬리를 머리에 괴고 그 위에 음식 광주리를 얹었지. 이렇게 하면 무거운 짐을 머리에 이고도 흔들리지 않고 잘 걸을 수 있거든.

　아낙들은 광주리를 이고 김매기가 한창인 논으로 갔어. 점례도 한 손에 막걸리가 든 호리병을 들고 따라갔어. 아낙들은 무거운 광주리를 이고도 구불구불 울퉁불퉁한 논두렁길을 잘도 걸어갔어. 들밥을 기다리고 있을 두레꾼들 생각에 종종거리며 발걸음을 재촉했지.

　저만치 논두렁길을 따라 들밥 광주리를 이고 오는 아낙들이 보이자, 덕배가 얼른 달려가 광주리를 받아 내렸어. 그리고 논을 향해 큰 소리로 외쳤지.

　"들밥이 왔어요, 들밥! 얼른 나와서 점심 드세요!"

　북재비가 일손을 멈추라는 신호로 북을 빠르게 몰아 쳤어.

　"허기가 져서 호미 들 힘도 없었는데 이제야 살았네."

　"허허, 나도 뱃가죽이 등가죽에 들러붙는 줄 알았다니까."

　두레꾼들은 활짝 웃으며 서둘러 논물에 손발을 휘휘 씻고는 논둑으로 모여들었어.

　느티나무 그늘 아래 들밥이 차려졌어. 흙바닥에 차려진 점심거리였지만, 모두 빙 둘러앉으니 잔칫상처럼 풍성하고 넉넉해 보였어.

　밥을 먹기 전에 수봉이 할아버지가 밥 한 숟갈과 반찬 몇 가지를 논두렁에 뿌리며 외쳤어.

"고수레!"

이 모습을 보고 점례가 옆에 앉은 엄마에게 작은 소리로 물었어.

"아까운 밥을 왜 저리 버리는 거예요?"

"자연의 신께 고맙다고 인사를 드리는 거야. 우리 먹을 걸 자연이 주시니까 우리도 자연과 나누어 먹는 거지. 우리 입만 입이 아니고, 지렁이와 개구리도 입이 있고 참새와 까치도 입이 있으니 두루두루 나눠 먹어야지."

점례 어머니가 자분자분 일러 주었어.

"자, 고수레를 드렸으니 막걸리부터 한 사발 쭉 들이켜세."

"그럼세. 김매기 하는 보람이 시원한 이 막걸리 맛에 달려 있지."

"그래서 막걸리를 농주라고 부르지 않나. 일하고 나서 마시는 막걸리 한 사발이 농부의 고단함을 싹 씻어 주고 기운을 차리게 해 준다고 말이야."

두레꾼들은 서로 바가지에 막걸리를 따라 주었어. 다들 어찌나 시장하고 목이 말랐던지, 걸쭉한 막걸리를 바가지에 넘실넘실 그득 부어서는 벌컥벌컥 한입에 쭉 마시네. 막걸리 한 사발에 등에 착 달라붙었던 배가 불룩해지고 금세 기운이 솟는 것 같았지.

"차린 건 없지만 많이들 드세요. 밥은 고봉밥으로 꾹꾹 담아 드릴게요."

점례 어머니가 두레꾼들에게 인사를 차렸어.

"어이, 여기 와서 점심 한 술 들고 가시오. 들밥

이라 같이 먹으면 더 맛나지 않소? 밥도 넉넉히 있다오."

 홍이 할머니가 지나가는 봇짐장수를 불러 세웠어. 봇짐장수는 가던 길을 멈추고 슬그머니 들밥이 차려진 자리에 와 앉았지.

 "오늘 마을 두레 나온 날인가 봅니다. 덕분에 저까지 귀한 점심 얻어먹게 되었네요. 잘 먹겠습니다."

 이렇게 들밥 먹을 때는 지나가던 길손도 불러 앉혀 밥 한 그릇 같이 나눠 먹곤 했어. 다들 넉넉지 않은 살림이

지만, 인심만큼은 천석꾼 만석꾼보다 더 넉넉하고 푸짐했지.

비록 쌀보다 보리가 더 많이 들어간 밥이었지만, 밥사발 위로 수북히 담긴 밥을 다들 한 그릇씩 차지했어. 어른 아이 가리지 않고, 이웃도 길손도 다 함께 한자리에 둘러앉아 공평하게 밥 한 그릇씩을 먹었어. 여기저기서 밥사발에 고추장을 넣어 썩썩 비비는 소리, 상추쌈을 우걱우걱 씹는 소리, 된장 찍은 고추를 아삭 베어 무는 소리, 아욱 된장국을 훌훌 떠먹는 소리, 꿀꺽꿀꺽 막걸리 넘기는 소리가 노랫소리처럼 어우러져 들녘에 울려 퍼졌지.

"저 덕배 녀석 좀 보게. 마파람에 게 눈 감추듯 밥 한 그릇을 뚝딱 먹어 치웠네."

"어디 덕배만 그런가. 나도 오랜만에 허리춤 풀고 정신없이 먹었네. 이렇게 논일 하고 나서 나눠 먹는 들밥만큼 맛난 밥상이 또 어디 있던가."

"맞아, 우리가 농사일하는 힘이 바로 이 밥에서 나오는 것 아니겠나."

모두 두둑하게 부른 배를 두드리며 도란도란 이야기를 주고받았어. 들밥으로 든든하게 배를 채웠더니 새로 기운이 불끈 샘솟았지. 게다가 산들바람까지 불어 주니, 오후 김매기는 한결 가뿐할 것 같았어.

"점심 잘 잡숫고 기운들 차리셨는가. 그럼 이제 홍이네 논으로 김매기 하러 가세."

수봉이 할아버지가 두레꾼들에게 말했어. 두레꾼들은 다시 바짓가랑이를 걷으며 논으로 갈 채비를 했어. 막 자리를 뜨려는 두레꾼들에게 홍이 할머니가 다가와 말했지.

"우리 홍이 아비가 일손을 보태지도 못하는데, 두레에서 나서서 우리 논일을 대신 해 주니 얼마나 고마운지 모르겠네."

"별말씀을요. 홍이 아버지 빈자리를 저희가 대신 메워야지요. 홍이 할머님은 우리 어머니나 다름없고, 홍이는 우리 자식이나 마찬가지인걸요."

점례 아버지가 공손하게 말했어.

"그리 말해 주니 더 고맙고 미안하네. 우리 홍이 아비가 가을 추수 때는 집에 돌아올지 모르겠어. 그때 내 잊지 않고 이 은혜를 다 갚음세."

"홍이 아버지가 집을 떠나 봇짐장수로 돌아다닌 지가 벌써 반년이 넘었지요? 몸이나 축나지 않고 별 탈 없이 돌아와야 할 텐데……."

할머니 옆에서 어른들 얘기를 가만히 듣던 홍이가 다짐하듯 말했어.

"제가 얼른 자라서 좋은 두레꾼이 될게요. 한 오 년만 기다려 주세요. 그때 제가 아버지 몫까지 보태서 두 배로 열심히 일할 거니까요."

"허허허! 그 녀석, 결심이 대단한걸. 홍이 할머니, 아주 든든한 손주를 두셨습니다."

점례 아버지가 홍이를 칭찬하자 홍이 할머니도 마음이 뿌듯했어.

이렇게 홍이네처럼 농사일할 사람이 없는 집은 두레에서 공동으로 논일을 해 주었어. 아픈 사람이 있거나 아버지가 없는 집도 마찬가지였지.

점심을 먹고 나니 두레꾼들 일손이 더 기운차고 빨라졌어. 마음 맞춰, 장단 맞춰 한 이랑 한 이랑 나아가다 보니 어느새 홍이네 논을 다 맸어.

"둥둥둥둥 두두둥둥."

북재비의 북소리가 점점 짧고 빠르게 울렸어. 두레꾼들이 북소리에 맞춰 잰걸음으로 논 한가운데로 모여들며 소리쳤지.

"자, 이제 이 논도 다 매었구나."

그러고는 호미를 든 채 만세를 부르며 "이야!" 하고 함성을 질렀어. 그 소리에 벼 포기 사이에 숨어 있던 개구리들이 화들짝 놀라 도망을 쳤어.

김매기를 마치고 집으로 돌아가는 길, 풍장이 흥겹게 울리고 두레꾼들은 절로 어깨춤을 덩실덩실 추었지. 서쪽 하늘이 저녁놀로 발갛게 물들더니, 금세 까치 마을에 어둑어둑 어둠이 내려앉았어.

함께 일하고 같이 먹어 더욱 맛있는 들밥

함께하는 공동체 이야기

농사일을 잘하려면 무엇보다 배불리 잘 먹어야 해. 그래서 두레 김매기를 할 때는 두세 시간에 한 번씩 들밥을 내왔어. 다 함께 일하고 들밥을 같이 나누어 먹으며 힘을 얻었지. 무엇보다 들밥은 마을 아낙들이 함께 모여 장만한 데서 옛 조상들의 하나 된 마음을 읽을 수 있어. 두레패가 함께 농사일을 하듯, 먹을 음식도 모두가 준비하는 거지.

두레 들밥은 참과 식사로 나뉘는데, 보통 오전 10시경에는 아침참, 낮 12시쯤에는 점심 식사를 하고, 오후에 한두 번 정도 더 참을 먹었어. 참은 끼니때 먹는 밥과 달리 술이 중심이 되었지. 참 중에는 깻참이라는 것도 있어. 점심 식사 후 잠깐 낮잠을 잘 때 잠에서 깨라고 주는 거야. 또 깔딱참은 해가 깔딱 넘어가기 전에 주는 참이야.

들밥으로 먹었던 음식은 아주 소박했어. 옛날에는 쌀밥을 먹기 힘들었기 때문에 보통은 꽁보리밥을 먹었지. 반찬으로는 김치 정도가 놓였고, 살림 형편이 좋을 때는 북어나 고등어자반이 나왔어. 이렇게 먹을 것이 부족했기 때문에 밥과 함께 국수, 수제비, 감자국, 오이냉국 등을 곁들였어. 또 참에서 가장 중요한 먹거리는 술이었는데, 옛날엔 밥을 충분히 먹지 못했기 때문에 밥 힘 대신 술 힘에 의지해 일할 수밖에 없었던 거야.

어기영차 어영차 덩실덩실 놀아 보세

- 백중놀이 -

벼꽃 피는 칠월 보름, 농부들의 명절 백중날이라네.
호미 씻어 걸어 놓고 풍년 기원하는 잔치를 벌이세.
맛난 음식과 덩실덩실 어깨춤에 웃음꽃 활짝 피고
북적북적 장터에는 한바탕 신 나는 놀이마당 펼쳐지네.

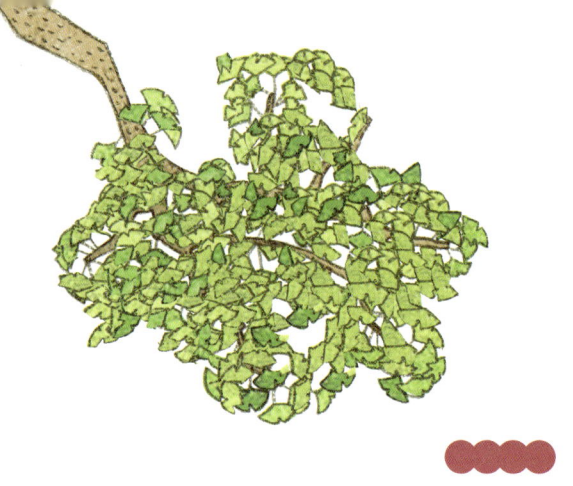

한여름 무더위가 한풀 꺾인 음력 칠월 보름이 되었어. 물이 찰랑거리는 논과 개울에는 개구리들이 개골개골 합창을 했고, 집집마다 오이와 애호박, 박 넝쿨이 흙담을 타고 기어오르고 있었어. 뭉게구름 떠 있는 파란 하늘 아래 이 논 저 논 벼 이삭 사이사이에 밥풀같이 뽀얗고 하얀 벼꽃이 피었어. 시원한 바람결에 구수하고 향긋한 나락 내음이 실려 왔어.

이른 아침, 수봉이 할아버지는 수봉이를 데리고 벼꽃이 피어 있는 논을 둘러보았어.

"우리 농부들에게 벼꽃은 세상에서 가장 예쁜 꽃이지. 땡볕과 장마와 비바람을 꿋꿋하게 이겨 내고 살포시 고개를 내미는 이 벼꽃이 얼마나 대견하고 귀한지 몰라. 너도 농사를 지어 보니 그 마음을 알겠지?"

수봉이 할아버지가 수봉이에게 말했어.

"벼꽃을 보니 어찌나 설레고 뿌듯한지 몰라요. 모내기할 때만 해도 언제 낟알로 여물어 수확을 하려나 싶었는데, 벌써 벼꽃이 피었으니 말예요."

"벼꽃이 바람에 살랑살랑 흔들리는 걸 보면 기분도 좋고 보고만 있어도 배가 부르지?"

"예, 할아버지. 벼꽃 한 송이가 지면 쌀 한 톨이 되는 거지요?"

"쌀 한 톨이 여물 때까지 농부의 손길이 여든여덟 번 가야 한다는 말이 있지 않니? 못자리를 만들고 볍씨를 뿌려 모를 내고 김을 매 주고 벼 이삭이 팰 때까지 우리네 농부의 손길이 참 무던히도 바쁘고 고되지. 그래서 벼꽃을 농부들의 땀방울을 먹고 피어난 꽃이라고 한단다."

수봉이 할아버지는 푸른 벼 이삭 사이에서 하얗게 빛나는 벼꽃을 흐뭇하게 바라보며 말했어.

"이렇게 벼꽃이 피면 이제 우리가 할 일은 다 마친 셈이란다. 지금부터 추수 때까지는 하늘이 잘 돌봐 주시기만 바랄 뿐이지.

이제 바쁜 농사일은 얼추 마무리됐으니 오늘은 한바탕 흥겹게 놀면서 기운을 보충해 보자꾸나."

벼꽃이 피는 음력 칠월 보름은 들녘에서 갖가지 햇곡식이 익어 가는 때라 '백중'이라고 불렀어. 백중은 '백 가지 종자의 햇곡식'을 뜻하거든. 또 백중이란 이름에는 농부들이 그동안 바쁜 농사일로 제대로 씻지 못했던 손발을 씻어 팔꿈치가 희어진다는 뜻도 담겨 있어. 백중날은 농부들이 힘든 한여름 농사를 마치면서 한 해 농사를 갈무리하는 날이자, 한판 걸판스레 놀면서 흥을 돋우는 잔칫날이기도 해. 벼꽃이 꽃 중의 꽃이라면, 백중은 농부들에게 명절 중의 명절이지. 옛 조상들은 백중날처럼 놀고 먹고 즐기는 것도 함께 했어. 한 마을에서 벌어지는 일들이 마치 한집에서 지내듯 행해졌지. 이처럼 옛날에는 마을을 중심으로 공동체 생활을 해 온 거야.

어느새 당산나무 앞에 마을 사람들이 전부 모였어. 당산나무 그루터기에 '농자천하지대본'이라고 쓰인 두레기를 세워 놓았어. 두레기에 매어 놓은 줄에 주렁주렁 호미들이 걸려 있었지. 마지막 김을 매고 나서 이제 올해 농사가 끝났으니 내년 농사를 시작할 때까지 호미를 씻어 걸어 놓는 거야. 이 행사는 호미를 걸어 놓는다고 해서 '호미걸이'라고도 하고, 호미를 씻어 말린다고 해서 '호미씻이'라고도 불렀어. 한 해 농사를 마무리하고 이듬해 농사를 기다린다는 뜻에서 벌이는 의식이지.

호미가 주렁주렁 걸린 두레기 아래에서 수봉이 할아버지가 절을 하고 나

서 축문을 읽었어.

하늘 위에 상제님, 온 세상의 용왕님.
바람 곱게 불고, 해로운 벌레와 병을 없게 하여
올해 농사 잘도 되어
착하고 어진 백성 걱정일랑 덜어 주소.
용신님께 비나이다.
들쥐도 막아 주고, 나는 새도 막아 주어
올해 농사 잘되게 비나이다.

　　풍년을 기원하는 제사를 드리고 나자, 풍물 소리가 흥겹게 울렸어.
　　"갱갱 겐지겐 겐지겐지 겐 겐지겐! 덩덩덩 덩덩 더덩 덩더쿵!"
　　징과 꽹과리를 깨져라 두들겨 대니, 장구재비도 신이 나서 이 손 저 손으로 장구채를 바꾸어 가며 흥겹게 쳤어. 풍물 소리에 신이 난 마을 사람들은 덩실덩실 어깨를 으쓱거리며 춤판을 벌였지.
　　덩실덩실 어깨춤에 곁들여 맛난 음식으로 배도 채웠어. 집집마다 장만해 온 음식이 하나둘 펼쳐졌지. 오복이네서 쪄 온 감자떡, 수봉이네서 만들어 온 밀전병, 덕배네서 말아 온 국수, 점례네서 부쳐 온 애호박전, 홍이 할머니가 무쳐 온 갖가지 나물이 솜씨 자랑이라도 하듯 먹음직스럽게 놓였어.
　　여기에 막걸리가 빠질 수야 없지. 우묵한 질그릇 동이에 잘 익은 막걸리가 넘실넘실하네. 농부들의 큰 명절인 오늘 같은 날엔 몸보신을 해야지. 두

레에서 공동으로 돈을 거두어 돼지랑 닭도 잡았어. 아름드리나무 그늘 아래 커다란 가마솥을 걸고 고기를 삶았지.

"허허, 오늘이 농부들 잔칫날이라더니 고기 맛을 다 보네. 이게 얼마 만에 먹어 보는 고기인가?"

"많이 먹어 두게. 올해 농사짓느라 고생 많았네."

"풍물 소리에 박자 맞춰 같이 호미질을 하다 보니 고생인 줄도 모르고 후딱 넘어갔네그려."

"올해 덕배네서 두레꾼이 하나 더 들어와 아주 든든한 힘이 되었어."

맛난 음식으로 배는 두둑하고, 웃음꽃이 활짝 피어났어. 여기저기서 농사 얘기가 꽃을 피우고, 왁자지껄 웃음소리와 술 권하는 소리가 메아리처럼 울려 퍼졌지. 일 년 내내 고된 농사일을 하느라 쌓인 고단함을 오늘 하루 즐거움으로 다 잊을 수 있을 것 같았어. 함께 힘을 모으니 농사일이 수월했고, 서로 기쁨과 보람을 나눌 수 있으니 더할 나위 없이 즐거웠지.

그렇게 다들 한창 먹고 즐길 때였어. 저쪽에서 소를 타고 오는 이가 보였어. 삿갓을 거꾸로 쓰고 얼굴에는 검정을 칠하고 어깨에는 도롱이를 걸치고 소를 타고 왔지.

"어이, 농사 장원 납시네!"

"올해 우리 마을 농사 장원은 수봉이라지? 수봉이가 할아버지께 농사일을 썩 잘 배운 모양일세."

"그럼 그렇고말고. 우리 마을에서 농사일 하면 수봉이 할아버지를 따라올 사람이 또 있던가."

"허허, 저 늠름한 모습 좀 보게. 꼭 장원 급제 행차 같구먼."

백중날에는 그해에 농사가 가장 잘된 집의 일꾼을 농사 장원으로 뽑았어. 올해 까치 마을에서는 수봉이가 농사 장원으로 뽑혔지.

마을 사람들은 소를 탄 수봉이를 데리고 집집마다 찾아가 문 앞에서 큰 소리로 외쳤어.

"여기 농사 장원 왔어요! 농사 장원 사시오!"

"얼마요?"

"삼천 냥이오."

"왜 이리 싸요?"

집주인은 허허 웃으면서 곡식이나 돈을 적당히 내주었어. 이 돈은 농사 장원에게 주는 상금인 셈이야. 마을 어른들도, 아이들도 모두 한마음으로 농사 장원이 된 수봉이를 축하해 주었어.

'나도 수봉이 형님처럼 부지런히 농사일을 배워 꼭 좋은 농부가 돼야지.'

덕배는 소 잔등에 늠름하게 올라탄 수봉이를 보며 다짐했어. 그때 오랜만에 번듯하게 새 옷을 빼입은 만돌이가 덕배의 소매를 잡아끌며 말했어.

"덕배야, 우리 같이 백중장에 가서 한바탕 놀고 오자. 오늘 장터가 북적북적한 잔칫집 같을 거야."

"맞아. 백중날엔 장터 구경이 가장 신 나지. 씨름 대회도 열리고, 널뛰기랑 그네 타기 같은 놀이판이 벌어지고, 온갖 장사꾼도 북적거리고 말이야."

만돌이와 함께 시끌벅적한 백중장에 구경 갈 생각에 덕배도 덩달아 마음이 들떴어. 만돌이는 김 진사댁 농사일을 돕는 머슴인데, 백중날이 다가오면 명절날을 손꼽아 기다리는 아이마냥 마음이 설레곤 했어. 기름이 자르르 흐르는 하얀 쌀밥과 맛난 음식을 배불리 먹을 수 있었거든. 또 주인집에서 옷도 새로 지어 주고, 돈을 주기도 했지. 고된 농사일을 마쳤으니 하루쯤 실컷 먹고 마시며 푹 쉬라는 뜻이 담겨 있는 거야. 그래서 머슴들은 이날 새 옷을 입고 장에 나가 놀았어.

사실 만돌이가 백중날을 기다리는 진짜 이유는 다른 데 있었어. 동네 머슴들끼리, 또 이웃 농부들과 한데 어울려 신명 나게 두드리는 풍물놀이 때문이었지. 어릴 적부터 어깨 너머로 익힌 꽹과리 솜씨가 제법 좋아서 만돌이는 이런 자리에 빼놓지 않고 불려 다녔거든.

장터 한쪽 편에 머슴들이 모여 자리를 펼쳤어. 여럿이 둘러앉자 막걸리 잔이 차례로 돌아갔지. 김매기 할 때 새참으로 마시던 막걸리와는 또 다른 맛이었어. 머슴들은 주인집에서 장만해 온 음식을 죽 펼쳐 놓았어.

"오늘이 바로 우리네 잔칫날이니 신 나게 먹고 놀아 봅시다!"

만돌이가 기분 좋게 외쳤어. 모두 맛난 음식을 배불리 먹고 나자, 만돌이가 자리에서 일어나 흥겹게 꽹과리를 치며 빙글빙글 돌았어.

"얼쑤, 좋다!"

여기저기서 추임새가 터져 나오고, 다른 이들도 장구와 징, 북을 들고 신명 나게 장단을 맞추기 시작했어. 한바탕 떠들썩한 풍물 소리가 장터에 울려 퍼졌지. 풍물 소리가 잦아드는가 했더니, 이번에는 옥분이 아버지가 도포에 갓을 쓴 양반 차림으로 나타났어. 옥분이 아버지가 추는 양반춤은 장터에 모인 사람들을 웃기고 울리는 재주가 있었지. 옥분이 아버지는 부드럽게 팔을 뻗어 하늘로 향하다가 버선발을 사뿐사뿐 올렸다 내렸다

하며 멋들어진 춤사위를 보였어. 그런데 어깨를 으쓱으쓱하고 한 발을 들어 우쭐거리며 춤을 추고 있는 양반 앞에 다른 차림을 한 사람들이 나타났어. 봉사, 절름발이, 배불뚝이, 곱사등이, 난쟁이 등이 나타나 젠체하는 양반을 놀리며 우스꽝스런 병신춤을 추었지. 양반은 어쩔 줄 몰라 하며 병신춤을 추는 춤꾼들에게 쫓기듯이 물러났어.

"와하하, 저 양반 혼쭐이 났구나!"

구경꾼들은 젠체하다 우스운 꼴을 당한 양반을 놀리면서 즐거워했어. 그때 만돌이가 꽹과리를 치기 시작했지. 장터는 금세 모두가 하나 되어 어깨춤을 덩실덩실 추며 웃음을 나누는 큰 놀이마당이 되었어.

이른 봄부터 한여름까지 부지런히 땀 흘리며 애써 온 농사일을 잠시 잊고 잔칫날처럼 보낸 백중날이 아쉽게 저물고 있었어. 이제 농부들은 다시 가을걷이가 끝날 때까지 다른 농사일에 힘을 쏟아야겠지. ★

흥도 돋우고 힘도 돋우는 풍물 소리

함께하는 공동체 이야기

백중날처럼 신 나고 즐거운 명절을 맞이하면 우리 조상은 늘 풍물 소리로 흥을 돋웠어. 꽹과리와 징, 장구, 북 소리에 맞추어 남녀노소 다 함께 어깨를 들썩이며 즐거움을 나눴지. 풍물은 꽹과리와 징, 장구, 북, 소고, 태평소 등을 말하고, 이런 악기를 두드리며 노는 것을 '풍물 친다'라고 해. 또 악기를 두드리며 춤추고 노래하는 사람을 '풍물잡이' 또는 '풍물패'라고 하지. 풍물패는 악기를 전문으로 연주하는 사람이 따로 있는 것이 아니라 마을 사람들이 나누어 맡았어. 마을의 크고 작은 일이 있을 때마다 풍물패는 늘 앞장서서 풍물 소리를 통해 사람들을 모으거나 이끌었지.

풍물 소리는 힘든 농사일을 할 때는 쉽게 지치지 않도록 활력을 불어넣었고, 마을 제사를 지낼 때는 사람들의 소망과 기원을 빌어 주었어. 풍물 소리는 우리 조상들의 삶에서 빼놓을 수 없는 생활의 소리로, 모든 사람의 마음을 하나로 묶어 주는 역할을 했던 거야.

날실 씨실 엮어서 한 올 한 올 베를 짜세

— 길쌈 품앗이 —

기나긴 여름밤, 모시 길쌈 하는 마을 아낙들
집집마다 돌아가며 한데 모여 모시 베를 짜네.
밤이 이슥하도록 베틀 소리 달빛에 실려 흘러가고
올올이 이야기 한 가닥씩 엮어 곱디고운 모시를 짜네.

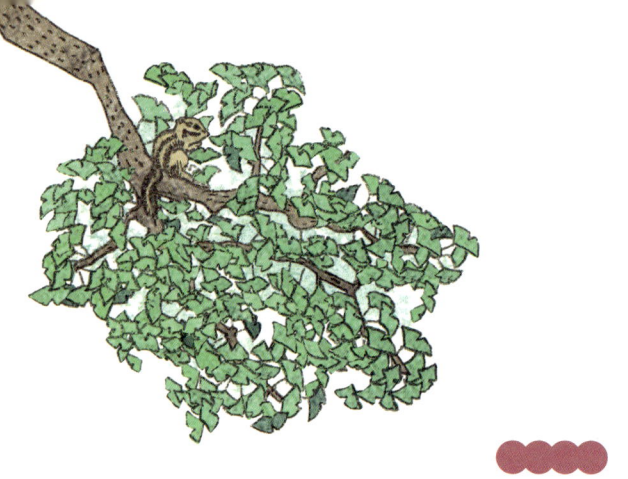

●●●●

산과 들이 온통 초록빛으로 가득 찬 여름, 까치 마을 여기저기 자리한 모시밭에 푸르른 모시풀이 바람에 일렁이고 있어. 홍이네 사랑채 옆으로 난 사립문 앞에도 제법 넓은 모시밭이 있어. 홍이 할머니는 깻잎을 닮은 모시 잎이 햇빛에 반짝반짝 빛나며 바람에 몸을 뒤척이는 광경을 바라보며 말했어.

"모시풀이 참 잘 자랐네. 이제 모시풀을 베기 시작하면 찬 바람이 불 때까지 달빛과 호롱불을 벗 삼아 베를 짜는 길고 긴 밤이 이어지겠구나."

"올해도 밤잠도 제대로 못 주무시고 고생이 많으시겠어요. 아직 제 솜씨가 한참 모자란 탓에 어머님께 큰 힘이 못 돼 드려 죄송해요. 언제쯤이면 어머님의 반의반만큼이라도 따라 할 수 있을지……."

홍이 어머니가 낫으로 모시풀을 베며 말했어.

모시나 삼, 목화, 누에 등에서 실을 뽑아 모시, 삼베, 무명, 명주 같은 옷감을 짜는 것을 길쌈이라고 해. 모든 과정을 하나하나 손으로 해야 하는 길쌈은 무척 손이 많이 가고 힘든 일이었어. 껍질을 벗겨 내고, 물에 삶아 말리고 비비고, 한 올 한 올 잇고 감아서 베틀 앞에 앉아 하염없이 손발을 놀려야 하는 고된 작업이었지. 그래서 아낙들은 서로 도와 가며 길쌈을 했어.

"농사가 남자들 일이라면 길쌈은 여자들 일이야. 예로부터 길쌈은 혼자 하기 힘든 일이라 마을 아낙들끼리 두레를 짜거나 품앗이로 해 왔지."

홍이 할머니는 홍이 어머니와 함께 모시풀을 잔뜩 베어 마당으로 들어왔어. 그리고 모싯대를 한 손으로 잡고 모시 잎을 죽죽 훑어 내렸지.

"우리네 생활은 사시사철 품앗이로 돌아가는 것 같아요. 봄에는 보리밭 매는 품앗이, 여름에는 풀베기와 들밥과 길쌈 품앗이, 또 가을에는 방아 찧기, 겨울에는 김장 품앗이가 있잖아요."

부지런히 모싯대를 훑으며 홍이 어머니가 말했어.

"지난 세월을 돌아보니 품앗이가 아니었으면 그 많은 일을 어떻게 해냈을까 싶구나. 혼자 하면 고되고 지루하기 짝이 없을 들일과 집안일을 가까운 이웃과 서로 의지해서 했으니 할 수 있었지. 아마 혼자서는 어림도 없었을 게다."

품앗이는 가까운 이웃끼리 서로 돌아가며 바쁜 농사일을 거들던 풍습이야. '품'은 노동을 뜻하고, '앗이'는 서로 나눈다는 뜻이지. 품앗이에는 씨 뿌리기, 밭갈이, 논갈이, 가래질, 논매기, 밭매기, 풀베기, 퇴비하기, 보리타

작, 추수하기 같은 농사일뿐만 아니라 지붕 이엉 엮기, 집짓기와 고치기, 나무하기, 방아 찧기, 길쌈하기 같은 생활 품앗이까지 다양하게 있어.

"나는 예닐곱 살 때부터 길쌈을 놀이처럼 배우면서 자랐단다. 그때부터 모내기와 김매기 철이나 김장철 말고는 늘 베 짜는 일로 세월을 보냈지."

홍이 할머니는 길쌈 솜씨가 좋기로 소문이 났어. 이웃 마을 사람들이 웃돈을 주고 할머니가 짠 베를 사 갈 정도였지. 열일곱 살에 시집온 할머니는 남편을 일찍 여의었어. 젊어서 혼자가 된 할머니는 어린 아들을 키우면서 낮에는 농사일과 집안일을 하고 밤이면 베를 짰어. 할머니는 여름에는 모시를 짜고, 가을에는 무명을 짜고, 겨울에는 명주를 짜는 등 사시사철 베를 짰어. 그렇게 길쌈을 해 온 세월이 사십 년도 더 됐지.

"평생 해 온 일인데도 모시 짜기는 여전히 어렵고 힘들구나. 모시 한 필 짜기까지 일이 굽이굽이 많기도 많지. 어느 것 하나도 소홀히 하면 안 되니 다 마칠 때까지 정신을 바짝 차려야 해. 하지만 그렇게 힘들게 짠 모시가 다른 어떤 옷감보다 시원하고 질기니, 볼 때마다 마음 뿌듯하고 보람도 있지."

홍이 할머니가 모싯대 사이에 손가락을 끼워 죽 훑어 내리니 모싯대가 두 줄기로 갈라지며 발밑에 가지런히 쌓여 갔어. 홍이는 모싯대에서 떨어진 잎을 쓸어 모으느라 바빴지.

"정말이지 모시옷은 참 좋아요. 잠자리 날개처럼 가볍고 곱기도 하지만, 입을수록 질겨지고 빨면 빨수록 희고 차분해지잖아요. 제가 시집오던 해에 어머님이 만들어 주신 모시 치마저고리는 어찌나 결이 고운지, 십 년이 넘도록 꺼내 입을 때마다 새 옷처럼 윤이 나고 시원하다니까요."

"맞아. 너 시집올 때 내가 모시옷을 한 벌 지어 주었지? 그때 모시옷을 입은 네 모습이 어찌나 이쁘던지……."

홍이 할머니는 잠시 옛 추억에 잠겼어.

"참, 어머니. 이따 아낙들이 길쌈하러 올 텐데, 다 같이 먹게 옥수수라도 쪄 놓을까요?"

"그래, 그러려무나."

여름 옷감인 모시를 짜는 일은 무척 복잡하고 힘들어. 모시풀을 길러 수확하는 것부터 시작해서 베 짜기를 거쳐 마지막에 햇빛에 말리기까지 여러 단계를 거쳐야 하거든. 혼자서 이 작업을 다 하려면 모시 한 필을 완성하는 데 서너 달이 걸리지. 또 여럿이 함께 해도 꼬박 보름은 걸려. 그러니 품앗이로 해야 일도 빨리 할 수 있고 지루함과 고단함도 덜 수 있지.

어느덧 달빛이 어스름히 비쳐드는 홍이네 사랑채에 마을 아낙들이 빙 둘러앉았어.

모시를 수확한 뒤에 가장 먼저 하는 일은 잎사귀를 훑어 내고 겉껍질을 벗겨서 모시 원료인 '태모시'를 만드는 거야. 그 다음에는 잘 말린 태모시를 이와 입술을 이용해서 잘게 쪼개는 '모시 째기'를 해. 그리고 째 놓은 모시 올을 한 가닥 한 가닥 이어 가는 작업을 하지. 가늘게 쪼갠 모시 올을 버팀목에 걸쳐 놓고 손바닥에 침을 바른 뒤, 모시 올 두 가닥을 맨살 무릎에 올려놓고

비벼서 하나로 잇는 거야. 이걸 '모시 삼기'라고 해.

실이 헝클어지지 않도록 실을 광주리나 체 안에 넣고 동그랗게 포개어 삼아. 모시실이 어느 정도 모이면 십자로 묶어서 일정한 크기의 다발로 만들어. 이렇게 만들어진 모시실 다발이 '모시 굿'이야.

모시 굿이 열 개 정도 만들어지면 모시 한 폭을 만드는 데 필요한 실의 양을 정하는 '모시 날기'를 해. 그런 다음엔 모시실에 콩풀을 먹여 매끄럽게 만드는 '모시 매기'를 하지. 매끈하게 만든 모시실은 고무신 모양으로 생긴 북에 감는 '꾸리 감기'를 해. 이렇게 준비한 실을 가지고 홍이 할머니가 베틀에 앉아 한 올 한 올 베를 짜는 거야.
"딸깍 딸깍 시르릉 시르릉."
한 올씩 엮어 가며 베를 짜는 베틀 소리가 달빛이 배어드는 방 안을 그득하게 채웠어.
"아이고, 모시 째기를 하다가 입술을 베었어요."
태모시를 째던 덕배 어머니 입술에 발갛게 피가 배어 나왔어.
"저런, 아파서 어쩌누. 처음에 모시 길쌈을 할 때는 나도 툭하면 입술이

갈라져 부르트고 피가 나기 일쑤였지. 한동안 입이 아파서 밥도 잘 못 먹었어. 그렇게 몇 번 되풀이되다 보면 입술에 굳은살이 박여 괜찮아진다네."

덕배 어머니를 안쓰럽게 바라보며 홍이 할머니가 말했어.

"모시 째기와 삼기를 몇 날 며칠 하다 보면 입술이 벗겨지고 손톱이 깨지기도 하고 무릎 살도 벌겋게 짓물러져요. 한데 굳은살이 생긴 뒤에야 괜찮아진다니, 저는 아직 한참 멀었나 봐요."

점례 어머니가 말을 거들었어.

"모시를 삼다 보면 무릎이 짓무르기만 하나? 시퍼렇게 멍이 들고 피가 맺히기도 하는걸. 길쌈하는 아낙들 치고 무릎이 멀쩡한 이는 하나도 못 봤네."

오복이 어머니가 입으로 모시 가닥을 가늘게 째면서 말했어.

"그러니 몇십 년 모시 길쌈을 해 온 우리 어머님은 옥 같던 이가 다 닳아 빠지고, 무릎에 굳은살이 앉고 또 앉아서 딱딱해졌지 뭐에요."

무릎에 얹은 모시 올을 잇대어 비벼 대며 홍이 어머니가 말했어.

"긴 세월 동안 길쌈을 하면서 그 고생스러움을 어떻게 견뎌 내셨어요?"

수봉이 어머니가 홍이 할머니께 여쭈었어.

"낮에는 농사일을 하고 밤에는 길쌈을 하면서 낮밤이 따로 없이 한창 일할 때는 아득하니 한숨도 많이 나왔지. 하지만 지나고 나니 모두 어젯밤 일 같기만 하네. 쏟아지는 밤잠을 잊으려고 서로 재미난 얘기도 하고 구수한 노랫가락도 펼쳐 놓으며 일을 해서 그런지 그다지 힘든 줄도 몰랐어."

홍이 할머니가 베틀에서 손을 떼지 않으며 말했어.

"철거덕 짜그락 철거덕 짜그락."

베틀 소리가 더욱 정겹게 들렸어.

"그렇잖아도 슬슬 졸음이 오던 참인데, 누가 베틀 노래 하나 불러 봐요."

"소리는 점례네가 제일 잘하잖아. 점례 엄마, 한 가락 멋지게 뽑아 봐."

길쌈하는 아낙들이 와그르르 웃으며 노래를 청하자, 점례 어머니가 수줍게 웃으며 노래를 부르기 시작했어.

강실 강실 강실 도령 강실 책을 옆에 끼고
강실 말을 올라타고 한 모퉁이 돌아서니
김 참봉네 시악시가 모시 베를 짜더란다.
그 베 짜서 뭐할라나. 울 어머니 생일날에 모시 치마 하여 가지.
그 나머지 뭐할라나. 울 아버지 환갑날에 모시 도포 하여 가지.
그 나머지 뭐할라나. 우리 동생 시집갈 때 모시 적삼 하여 가지.

그 노래에 화답하듯 이번엔 베틀에 앉아 있는 홍이 할머니가 나직하게 노래를 불렀어.

베틀 노세 베틀 노세. 옥난간에 베틀 노세.
베틀 다리 네 다리요, 나의 다리는 두 다리라.
에헤요 베 짜는 아가씨

사랑 노래 베틀에 수심만 지누나.

이렇게 주거니 받거니 노래를 부르며 길쌈을 하다 보니 어느새 밤은 점점 더 깊어 가고, 노랗고 하얀 실타래는 결 고운 모시 베로 짜여 갔지.

"모시 베 한 필을 짜려면 손이 수천 번도 더 간다고 했어. 그러니 모시 옷감이 그리 곱고도 튼실하지. 이렇게 짠 모시로 식구들 옷을 해 입히면 인물이 얼마나 훤해 보이는지 마음이 뿌듯해서 그동안 고생스러웠던 게 씻은 듯이 지워지더라고."

홍이 할머니가 말했어.

"식구들 옷뿐인가요? 저는 지난여름에 짠 모시로 이불을 한 채 지었는걸요. 풀을 빳빳하게 먹여서 덮으니 어찌나 시원한지 밤마다 한여름 무더위도 모른 채 솔솔 잠이 잘 오더라고요."

"저는 지난번에 짠 모시를 장에 내다 팔아서 돈을 좀 모았어요. 이렇게 길쌈해서 모은 돈을 소 한 마리 사는 데 보태려고요."

홍이네 사랑채에서는 도란도란 아낙들의 얘기 소리와 "딸깍 시르릉, 딸깍 시르릉." 하는 베틀 소리가 정겹게 흘렀어. 우스갯소리도 주고받고 베틀 노래도 부르며, 저마다 살아가는 이야기를 나누는 동안 밤은 깊어 가고 모시 베는 한 올 한 올 짜여 갔지.

길쌈은 농사짓는 집에서 여자들이 할 수 있는 좋은 일거리였어. 길쌈으로 짠 옷감은 여러 가지로 쓰였거든. 무엇보다 가족들의 옷을 만들었고, 나라에

바치는 세금으로도 쓰였어. 또 집에서 만들지 못하는 물건을 사는 화폐로도 쓰였지. 가축을 사거나 논밭을 장만하는 데 밑거름이 되기도 하고, 먼 길을 떠날 때면 노잣돈이 되기도 했어. 그러니 아낙들이 밤잠을 잊어 가며 지루하고 고된 길쌈 일을 했던 거지.

이웃끼리 마음과 마음을 주고받는 품앗이

함께하는 공동체 이야기

품앗이는 '품아이' 또는 '품바꾸이'라고도 해. 두레가 마을 공동으로 힘을 모아 집단적으로 일하는 것과 달리 품앗이는 친척이나 가까이 사는 이웃처럼 개인적으로 친한 사람끼리 서로 도움을 주고받는 거야.

아낙네들끼리 서로 도움을 주고받는 길쌈하기나 방아 찧기뿐만 아니라 마을 남정네들이 함께 모여 퇴비를 만들거나 지붕을 고치고 집을 지을 때도 품앗이를 하지.

또 두레는 봄철 모내기나 여름철 김매기 등 농사일이 아주 바쁜 시기에 대규모로 조직되어 운영되지만, 품앗이는 계절이나 일의 종류와 관계없이 혼자 힘으로 해내기 힘든 일이 생기면 언제 어디서든 서로에게 도움을 청하고, 또 도움을 주면서 같이 일해.

오늘날에도 품앗이 전통은 계속 이어지고 있어. 동네 엄마들끼리 서로 아이들을 돌보거나 공부시키기도 하고, 자신이 가진 능력으로 서로를 도와주기도 하지. 예를 들어 다른 사람들의 고장 난 컴퓨터를 고쳐 주고, 그 대신 악기를 배우거나 이발을 하는 등 자신이 필요로 하는 도움을 받는 거야.

한 푼 두 푼 모아 소를 살까, 논을 살까

— 계 모임 —

형편 같은 이웃끼리 한 해 동안 푼푼이 모은 돈으로
드디어 소 한 마리 장만하러 우시장으로 나섰네.
이리저리 살펴서 두루 마음에 드는 소를 골랐네.
새 일꾼을 앞세워 돌아오는 길, 벌써 마음은 만석꾼이라네.

아직 동트기 한참 전인 새벽 어스름, 하늘에는 별빛이 채 가시지 않았고 까치 마을은 고요한 어둠에 잠겨 있었어. 어슴푸레 밝아 오는 새벽빛을 가르며 당산나무 앞에 마을 남정네들이 모이기 시작했어. 막 가을걷이를 마치고 난 음력 구월의 새벽 공기가 제법 찼지만, 다들 들뜨고 설렌 마음에 얼굴 가득 환하게 웃음을 짓고 있었어.

"드디어 오늘 우리 소를 처음 만나는 날이구먼."

"이제 우리 소가 생기는구나 싶으니 가슴이 벅차서 간밤에 잠도 안 오더라고."

"착하고 튼실한 놈으로 잘 골라서 든든한 우리 식구로 키워 보세."

귀동이 아버지와 점례 아버지, 덕배 아버지와 칠성이 아버지가 서로 같은 마음을 주고받았어.

　그동안 농사일을 하면서 집에 소가 없어서 안타까워하던 귀동이 아버지와 이웃 사람들이 서로 뜻을 모아 지난 한 해 동안 푼푼이 돈을 모아 왔어. 그렇게 모은 돈으로 오늘 우시장에 가서 공동으로 키울 소를 한 마리 사 오기로 했어. 빠듯한 살림살이에 혼자 힘으로는 사기 힘든 소를 몇몇 이웃끼리 함께 돈을 모아 장만하게 된 거지. 다들 오랫동안 꿈꾸고 기다려 온 일이라 우시장으로 가는 발걸음이 날아갈 듯 가벼웠어.

　예로부터 소는 농사짓는 집에서 첫손으로 꼽는 일꾼이자 큰 재산이었어. 소 한 마리만 있으면 농사일이 아주 수월했거든. 겨우내 얼어붙은 땅을 갈아엎는 쟁기질도, 논밭의 흙덩이를 잘게 부수어 바닥을 판판하게 고르는 써레질도 힘센 소를 부려서 하면 금세 마칠 수 있지. 농사일을 하는 소는 봄이면 논밭갈이로 하루 종일 멍에를 지고, 여름이면 한가로이 들녘에서 풀을 뜯다가, 가을걷이 때는 달구지에 한 짐 가득 볏단을 나르고, 겨울에는 주인이 산에서 해 온 땔감을 실어 날랐어.

　이래저래 웬만한 머슴보다 나은 소는 농부에게는 사시사철 든든한 일꾼이고 한솥밥 먹는 식구나 마찬가지였지. 그래서 소가 병이 나면 식구가 아픈 것처럼 걱정하고, 식구들은 배불리 먹지 못해도 소는 어떻게든 여물을 넉넉히 먹였어.

　농부들은 가을걷이가 끝나는 늦가을부터 새봄에 다시 시작할 농사를 준비해. 호미와 쟁기의 보습이 녹슬지 않도록 잘 닦아서 보관하고, 겨우내 지극정성으로 소를 돌보지. 소는 겨울에 잘 먹여 둬야 봄에 힘을 잘 쓰기 때문이야. 그래서 쇠죽을 끓일 때마다 쌀겨를 듬뿍 넣고 사람도 아껴 먹는 콩으로 몸보신을 시키기도 했지.

그런데 이처럼 농사일에 큰 보탬이 되는 소를 어느 집에서나 다 갖고 있지는 못했어. 예순다섯 집이 모여 사는 까치 마을에서 소가 있는 집은 채 열 집도 안 됐어. 옛말에 "소 한 마리가 하는 일은 아홉 사람이 해도 모자란다."고 하더니, 정말 까치 마을에서는 소 한 마리가 예닐곱 집 농사일을 도맡아 하고 있었지.

농사일로 정신없이 바빠지고 작은 일손 하나가 아쉬울 때마다 귀동이 아버지는 길게 한숨을 내쉬곤 했어.

"소 한 마리만 있으면 얼마나 좋을까. 그러면 농사일이 아무리 고단해도 일하는 보람도 있고 신이 날 텐데……."

그 안타까운 심정을 누구보다 잘 아는 귀동이 어머니가 옆에서 말을 거들었어.

"그러게 말예요. 우리도 버젓하게 소 한 마리 있으면 한창 바쁠 때마다 남의 집에 아쉬운 소리 안 해도 될 텐데. 하지만 소 값이 만만치 않으니 우리 형편에 그런 날이 오려나 모르겠어요."

"남의 소를 빌려 와서 하루 일하고 나면 꼭 다음에 하루 반나절 그 집 농사일을 해서 갚아야 하니, 가뜩이나 일손이 모자라서 우리 농사도 짓기 바쁜

데 절로 한숨이 나오지."

"그뿐인가요? 소 있는 사람은 소를 데리고 가서 일하면 품삯을 두 배로 쳐 주잖아요. 소 한 마리가 웬만한 장정 두어 사람 몫이라니까요."

"소 한 마리만 있으면 부지런히 일해서 돈도 좀 모을 수 있으련만. 지금 같아서는 일 년 내내 허리가 휘어져라 농사지어 봐야 입에 풀칠하기도 바쁘지. 앞날에 희망이 없어……."

소가 없어서 안타까웠던 귀동이 아버지는 이 생각 저 생각 골똘히 하다가 문득 좋은 생각이 떠올랐어. 귀동이 아버지는 그길로 마을 모정에 찾아가 자기네와 형편이 비슷한 이웃들에게 자기 생각을 꺼내 놓았어.

"여보게들, 농사를 짓다 보면 집에 소가 없어 아쉬운 적이 한두 번이 아니

잖은가. 마음 같아서는 당장 소 한 마리 들여놓고 싶지만 빠듯한 살림에 그럴 수도 없고. 그래서 말인데, 소가 필요한 여러 집에서 같이 돈을 모아 소를 한 마리 사면 어떻겠나?"

이 말을 들은 이들이 귀가 번쩍 뜨이는 듯 얼른 귀동이 아버지 쪽으로 모여 앉았어.

"그런 방법이 있었구먼. 여럿이 돈을 모으면 소 한 마리 사는 건 그리 어렵지 않을 거야."

점례 아버지가 몹시 반가워하며 말했지.

"그럼 앞으로 농사일할 때마다 소를 빌리지 않아도 되겠네그려?"

"그렇지. 이제 아쉬운 소리 안 해도 되고, 아까운 품삯 안 내도 되고 말이야. 버젓이 우리 소가 있으니까 말일세."

덕배 아버지도, 칠성이 아버지도 반가운 마음에 목소리가 커졌어.

"하루 동안 남의 소를 빌려 올 때마다 하루 반나절 일해 주든지, 아니면 쌀을 두 말씩 갚아야 하지 않았나? 그동안 그것만 모았어도 진즉에 내 소 한 마리 마련했겠구먼."

"허허, 우리도 소를 가질 수 있다고 생각하니 벌써부터 부자가 된 것처럼 마음이 뿌듯하네."

소를 살 수 있다는 희망에 모두들 낯빛이 환해지며 가슴이 설레었어.

"당장 이번 가을걷이 때부터 소 값으로 집집마다 얼마씩 거두기로 하세."

귀동이 아버지가 힘차게 말했어.

이렇게 해서 귀동이 아버지와 이웃 사람들은 공동으로 소를 장만하기 위해 계를 꾸리기로 했지. 다들 넉넉지 않은 살림이었지만 기쁜 마음으로 꼬박꼬박 돈을 모으기로 한 거야.

계는 여러 사람이 같은 목적 아래 모이는 걸 말해. 서로 친분을 쌓기 위해 모이기도 하고, 무슨 일이 있을 때 그 목표를 같이 이루기 위해 서로서로 도우려고 모이기도 하지. 마을 사람들이 계를 꾸려서 공동으로 돈을 모아 혼사도 치르고, 장례도 치르고, 나라에 내는 세금인 군포를 마련하기도 했어. 또 까치 마을 사람들처럼 계를 든 사람들끼리 공동으로 소를 사서 농사일에 쓰기도 하고, 공동으로 땅을 마련해 함께 일구고 거기에서 나오는 곡식을 나누기도 했지. 농부들이 다 같이 힘을 모아 모내기나 김매기를 하려고 두레를 꾸렸다면, 어떤 일을 하는 데 드는 목돈을 마련할 때는 계를 꾸렸지. 이런 계는 넉넉지 않은 살림살이에 큰 보탬이 되었어.

오 일마다 열리는 우시장은 늘 동틀 무렵부터 북적거렸어. 소를 팔려는 사람과 사러 온 사람, 거기에 흥정을 붙이는 사람들이 뒤섞인 가운데 말뚝에 고삐가 묶여 있는 소들의 울음소리까지 더해져 아주 시끌벅적했어. 어디 그뿐인가. 진흙 냄새와 쇠똥 냄새, 소를 팔고 사려는 사람들의 땀 내음이 한데 어우러져 우시장은 새벽부터 소란스럽게 깨어 있었지.

낮고 긴 소 울음소리가 우시장을 가득 채운 가운데, 여기저기에서 좋은 소를 고르려는 사람들이 소의 잔등을 쓸어 보기도 하고 소의 입안을 들여다

보기도 했어.

"자고로 소는 등이 곧고 허리가 매끈하게 쭉 빠져야 해. 그런 소가 크게 자라서 힘센 일소가 되는 법이지."

귀동이 아버지가 눈을 크게 뜨고 우시장을 휘 둘러보았어.

"쇠뿔도 잘 살펴봐야 해. 대춧빛 같은 색깔에 앞으로 뻗어 있는 놈이 좋은 소라네."

옆에 선 덕배 아버지가 말했어.

"요 녀석 콧등에 물방울이 송골송골 맺혀 있는 게 아주 건강해 보이네. 눈에 눈곱도 없고 말일세."

칠성이 아버지가 가까이에 있는 송아지 한 마리를 요모조모 살펴보았어.

 "무엇보다 소는 눈이 크고 맑아야 해. 그런 소가 말도 잘 듣고 일도 잘하는 법이지."

 오복이 아버지가 강조하듯 힘을 주어 말했어.

 까치 마을 남정네들은 마음에 드는 소를 고르느라 우시장 안을 누비며 찬찬히 소들을 살펴보았어. 다들 빠듯한 살림에 한 푼 두 푼 모아서 장만하는 소라 튼실하고 일 잘할 소를 골라야 했거든.

 그러다 귀동이 아버지가 어느 황소와 눈이 딱 마주쳤어. 그 소는 맑고 커다란 눈을 끔벅끔벅하며 귀동이 아버지를 말끄러미 쳐다보았지. 툭 불거진 눈망울이 꼭 무슨 말이라도 하고 싶어 하는 것 같았어. 귀동이 아버지는 소의 잔등을 손으로 가만히 쓸어 주었어. 짙은 누런 빛깔의 털이 반지르르하니 윤기가 흘렀어. 소는 마치 주인이 어루만져 주는 듯 순하게 가만히 있었어.

"여보게들, 이 녀석 좀 보게. 무슨 말을 하고 싶어 하는 것 같지 않나?"

귀동이 아버지가 이웃 사람들을 큰 소리로 불러 모았어.

"허허! 이 녀석이 제 마음에 드는 새 주인을 고른 모양일세. 어쩐지 자네를 따라가고 싶어 하는 눈빛 아닌가?"

얼른 와서 소의 눈을 가만히 들여다보던 덕배 아버지가 활짝 웃으면서 말했어.

"맞아. 소하고도 인연이 닿아야 한 식구가 될 수 있지. 첫눈에 왠지 우리 식구가 될 예감이 드는걸."

오복이 아버지가 맞장구를 쳤어.

"눈망울이 또릿또릿한 게 말귀도 잘 알아들을 것 같고 영특하게 생겼네."

"털빛도 황금색으로 누르스름하고 반들반들하니 건강해 보이는구먼."

"엉덩이도 다부지고 목이 두툼한 게 힘도 잘 쓰겠어. 앞으로 정성껏 잘 먹이고 잘 가르쳐서 우리 마을에서 제일가는 일꾼으로 만들어 보세."

"그래. 그럼 이 녀석으로 결정하세. 드디어 우리에게 든든한 새 식구가 생겼군."

다들 흡족한 마음으로 그 소를 사기로 했어. 기분 좋게 거간꾼에게 소 값을 치르고 소를 데리고 우시장을 나섰어.

"이렇게 보란 듯이 우리 소를 장만하고 나니 밥을 안 먹어도 배가 그득하게 부른 듯하네."

"이 겨울에 잘 먹이고 잘 돌봐서 새봄부터는 이 녀석을 앞세워 쟁기질을 할 수 있겠지? 생각만 해도 농사일이 한결 가뿐해지는 것 같네."

"이렇게 든든한 일꾼을 새로 들였으니, 내년에는 쌀도 훨씬 많이 수확할 수 있을 거야."

"이게 모두 계를 만들어서 푼푼이 돈을 모은 덕분일세. 혼자서는 엄두도 못 낼 일이었는데 말이지."

"정말 그렇구먼. 여럿이 함께 돈을 모으니 일 년 새에 소 한 마리를 너끈히 장만했네그려. 이제 소를 마련했으니, 다음에는 공동으로 논을 장만해 보

면 어떻겠나?"

"여럿이 힘을 보태 논을 사자고? 그것 참 좋은 생각일세."

"이제는 공동으로 논을 장만해서 그 땅에서 나는 수확물을 같이 나누면 되겠구먼."

"계를 들어 소도 사고 논도 사고, 이러다가 우리 모두 금세 부자가 되겠는걸. 허허허!"

소를 앞세워 집으로 돌아가는 길, 다들 만석꾼 부럽지 않게 마음이 넉넉해져 서로 덕담을 나누며 기분 좋게 웃었지. 새 식구가 되어 어슬렁어슬렁 걸어가던 소도 그 웃음소리에 대답이라도 하듯 기운차게 "음메!" 하고 길게 울었어. 어느새 높이 떠오른 아침 해가 소를 앞세우고 걷는 사람들의 머리 위로 환한 아침 햇살을 비추어 주었지.

오랜 세월 우리 민족과 함께했던 계

함께하는 공동체 이야기

계는 '계회' 또는 '회'라고도 하는데, 여러 사람이 돈이나 곡식 등을 얼마씩 거두어 서로 경제적인 도움을 주고받거나 친목을 도모하기 위해 만들어진 모임이야. 계가 언제부터 어떻게 시작되었는지는 정확하지 않지만, 삼국 시대와 고려 시대를 거쳐 조선 시대로 내려오면서 그 종류가 아주 많아졌지.

나이가 같은 사람끼리 모이는 동갑계, 계를 든 사람들이 함께 농사를 짓고 거기에서 나오는 곡식을 나누는 농계, 여럿이 함께 농기구를 사서 공동으로 쓰는 농구계, 소를 사서 함께 이용하는 우계, 돈이 많이 드는 혼례와 장례를 준비하는 혼상계, 나라에 내는 세금인 군포를 공동으로 마련하는 군포계, 세찬(설날 차례를 지내거나 세배하러 온 사람들을 대접하는 음식)을 준비하는 데 쓸 돈을 장만하는 세찬계 등이 있었어.

이렇게 계는 우리 조상들이 기쁨과 슬픔, 어려움을 함께하고자 했던 상부상조의 정신을 잘 보여 주지. 계는 예전처럼 종류가 많지는 않지만 오늘날까지도 계속 이어지고 있어.

함께 보내는 하늘 나들이

— 상례와 향도 —

오복이 할아버지 하늘나라로 가시는 길,
마을 사람들 한마음으로 애달파하며 너도나도 힘을 보태네.
곱게 단장한 상여 굽이굽이 마을길 따라가며 마지막 인사를 나누네.
떠나는 이와 보내는 이가 슬픔을 함께 나누니 큰 위로가 되네.

●●●●

찬 바람이 고요하고 쓸쓸하게 부는 가을날, 오복이 할아버지가 세상을 떠나셨어. 한평생 농사일을 하며 부지런히 사셨던 오복이 할아버지는 크게 앓는 일도 없이 하룻밤 주무시는 듯 조용히 눈을 감으셨어.

"간밤에 오복이 할아버지께서 세상을 떠나셨대요."

슬픈 소식은 까치 마을 사람들에게 금세 전해졌어.

"아, 우리 동네 큰 어른이 돌아가셨네. 바람에도 흔들리지 않는 큰 나무처럼 그렇게 꼿꼿하셨는데, 어찌 그리 갑자기 떠나셨을까?"

"날마다 마을 논두렁길을 거니시던 모습이 눈에 선한데……."

"우리도 이렇게 서운하고 안타까운데, 오복이네 식구들은 얼마나 슬프겠어요? 이래저래 정신이 없을 텐데, 우리가 모여서 장례를 준비해야지요."

소식을 들은 마을 사람들이 너도나도 마을 모정에 모여들었어.

"장례처럼 큰일을 치를 때는 향도계가 나서서 해야지. 이럴 때 향도계가 제 몫을 다하는 게 아니겠나?"

수봉이 할아버지가 향도 회의를 이끌었어.

향도는 마을에 크고 작은 일이 있을 때 서로 돕기 위해 만들어진 모임이야. 한 달에 한 번씩 모여 앞으로 벌어질 마을 일을 미리 의논하고, 그에 필요한 경비와 물건을 미리 마련해 두기도 하지. 마을 사람들 중에 장례를 치러야 할 경우가 생겼을 때도 향도가 나서서 도와주었어. 장례를 치르려면 비용이 많이 들기 때문에 평소에 조금씩 모아 두었던 돈을 보태 주었지. 장례 비용뿐만 아니라 장례를 치르는 데 필요한 모든 일을 향도에서 같이 해 주었어. 농사일을 할 때 두레를 짜서 마을 사람들이 서로 힘을 합했다면, 장례를 치를 때는 향도가 나서서 마을 사람들을 도왔던 거야.

"지금부터 장례에 필요한 일을 하나씩 차근차근 챙겨 보도록 하세. 먼저 상엿집에 보관해 둔 상여부터 손질하고, 상여를 들 상여꾼도 뽑도록 하지."

"상여를 메고 산에 있는 장지까지 가려면 힘깨나 쓰는 장정이 열두 명은 있어야 할 거야."

"돌아가신 분의 특별한 일을 기리는 만장도 만들어야지. 만장을 만드는 일은 오복이 할아버지가 생전에 가까이 지내던 벗 가운데 한 분께 맡기도록 하세."

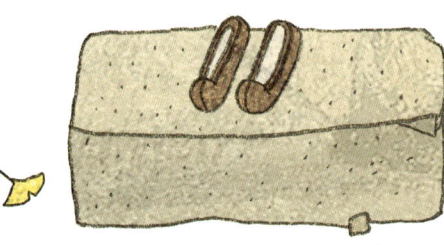

만장은 돌아가신 분을 기리고 슬퍼하는 글을 여러 빛깔의 천에 써서 긴 막대기에 매단 것을 말해.

"산에 올라가서 나무를 자르고 뿌리를 뽑아내 묏자리 터를 고르는 작업은 누가 맡아서 할 텐가?"

"나는 장에 나가 장례에 쓸 물건과 수의를 만들 삼베를 사 오겠네."

마을 사람들이 저마다 할 일을 나눠 맡았어. 집집마다 아낙들이 팔을 걷어붙이고 오복이네 집에 가서 음식을 장만했지. 장례를 치르는 닷새 동안 문상을 오는 사람들을 대접할 음식이었어.

"건강하시던 분이 어찌 이리 갑자기 돌아가셨대요? 상심이 크시겠어요."

　음식 장만을 도와주러 온 점례 어머니가 오복이 할머니에게 위로의 말을 건넸어.
　"나이 들면 누구나 다 가는 길이긴 하지만, 아직 갈 때가 멀었다고 생각했는데……. 안타깝고 슬프기 한이 없지만 그래도 편안히 눈을 감으셔서 그나마 위로가 되네."

오복이 할머니는 마음을 가라앉히듯 나직한 목소리로 말했어.

"그나저나 이 궂은일에 동네 사람들이 나서서 모두 내 일처럼 도와주니 얼마나 힘이 되는지 모르겠네."

"슬프고 힘든 일일수록 여럿이 나눠 하면 한결 힘이 덜 들잖아요. 이럴 때는 마을 사람들이 한 가족이나 마찬가지지요."

마을 아낙들이 오복이네 집에 모여서 음식을 장만하는 동안, 젊은 남정네들은 마을에서 조금 떨어진 상엿집으로 몰려갔어. 상엿집은 마을에서 공동으로 쓰는 상여와 장례에 쓰는 물건을 보관해 두는 곳이야. 어느 집에서 상을 당하면 상엿집에 보관해 두었던 상여와 물건을 꺼내 깨끗하게 손질해서 장례를 치르곤 했지.

"이 상여가 만들어진 지 칠십 년도 더 됐을걸. 이번에 돌아가신 오복이 할아버지의 아버지도 이 상여로 모셨다고 하니, 여기에 우리 마을 사람들의 세월이 담겨 있는 셈이지."

"어릴 때는 상엿집이 무섭기만 했는데, 지금 생각해 보면 참 뜻깊은 곳이구나 싶네."

남정네들은 오복이네 집 마당으로 상여를 옮겨와 정성껏 손보았어.

마을 사람들이 이런저런 일을 하는 사이에 어느덧 출상할 날이 다가왔어. 출상은 상가에서 상여가 나가는 걸 말해.

"내일이 출상하는 날이니, 오늘 저녁에는 상여 놀이를 한판 벌여야겠군."

"그럼. 상여 놀이를 흥겹고 신명 나게 할수록 돌아가신 분이 마음 편히 좋은 곳으로 가실 테니까 말이야. 그래야 남은 식구들의 슬픔도 조금이나마 덜어지고 위로가 되지."

상여 놀이는 상여가 나가기 전날 밤에 상여꾼들이 빈 상여를 메고 풍물을 치고 노래를 하면서 마을을 도는 거야. 상여 놀이를 하면서 상여꾼들은 다음 날 무사히 상여를 무덤까지 운반할 수 있도록 미리 소리도 맞춰 보고 발도 맞춰 보지. 또 상여꾼들이 죽은 이의 넋을 달래는 노래를 부르고 풍악을 울리다 보면 돌아가신 이의 가족이 너무 깊은 슬픔에 잠겨 있지 않도록 위로가 되기도 했어.

오복이네 집에 모인 상여꾼들은 곱게 단장한 빈 상여를 멨어. 상여꾼들은 구슬픈 상엿소리와 함께 발을 맞춰 마을을 돌기 시작했어.

저승길이 멀다더니 대문 밖이 저승일세.
명사십리 해당화야 꽃 진다고 서러워 마라.
이듬해 삼월이 돌아오면 너는 다시 피련만
우리 인생 한번 가면 다시 오지 못하리라.

상여꾼들은 빈 상여를 메고 마을 우물을 지나, 오복이 할아버지의 아들과 딸네 집, 그리고 친척과 친구들 집을 차례로 돌았어. 오복이 할아버지가 살아 있을 때 가까이 지냈던 이들과 마지막 작별 인사를 하는 시간이었지.

"여기 얼마 안 되지만, 저승까지 가는 머나먼 길에 노잣돈으로 쓰세요."

고인과 가까이 지내던 이들이 작별 인사로 빈 상여에 매 놓은 새끼줄에 노잣돈을 끼웠어.

빈 상여를 멘 상여꾼들이 마을을 한 바퀴 돌고 다시 오복이네 집으로 돌아오자, 마을 아낙들이 정성껏 준비한 음식과 술을 대접했어. 상여꾼들과 마을 사람들은 마당에 둘러앉아 밤새워 이야기꽃을 피웠지. 오복이 할아버지에 대한 추억을 이야기하며 때때로 웃기도 하고 눈물도 비치면서 슬픔과 서운함을 서로 나누었어. 깊은 슬픔에 잠겨 있던 오복이 할머니와 식구들도 마을 사람들이 전해 주는 위로에 마음이 따뜻해졌어.

어느덧 출상 날이 밝았어. 이제 상여가 나갈 때임을 알리듯이 기다란 장대에 달린 만장이 너울너울 바람결에 나부끼고, 요령잡이가 흔들어 대는 요령 소리가 딸랑딸랑 들려왔어. 요령 소리를 신호로 열두 명의 상여꾼이 양쪽으로 여섯 명씩 나뉘어 상여를 메고 일어섰어.

"마지막 가는 길이니 인사나 하고 가세."

집을 나서기 전 마당 한가운데서 마지막 인사를 하듯, 상여꾼들이 상여의

앞머리를 세 차례에 걸쳐 숙였다 올렸다 했어. 그러자 상주들도 세 차례 큰절을 올렸지. "어허" 하는 상여꾼 소리와 "애고" 하는 상주들의 곡소리가 한바탕 뒤섞이는 가운데, 요령 소리에 박자 맞춰 애달픈 상엿소리가 불렸어.

여보시오 상여꾼들, 이 내 말을 들어 보소.
너도 죽으면 이 길이요, 나도 죽으면 이 길이구나.
삼천갑자 동방삭은 삼천갑자 살았는데
어이하여 나는 백 년도 못 살아.
못 가겠네, 가기 싫네.
내 집 두고 못 가겠네. 친구 두고서 못 가겠네.
친구분네 잘 있거라. 동네방네 잘 있거라.
나는 간다 북망산천.

상엿소리에는 죽은 사람이 이승에서의 삶을 마무리하고 저승으로 갈 때 좋은 곳으로 갈 수 있도록 이끌어 준다는 뜻이 담겨 있어. 또 상엿소리는 상여꾼들이 무거운 상여를 메고 가는 고달픔을 잠시 잊게 해 주고, 상여를 큰 흔들림 없이 고이 모시고 가게 만들어 주는 구령 소리 역할도 했어. 그래서 상여가 집을 나서 마을 길을 지나 무덤까지 가는 동안 상엿소리는 자박자박 내딛는 발걸음처럼 끊이지 않고 계속 이어졌지.

상여는 가을바람에 만장을 휘날리며 오복이 할아버지가 한평생 일하며 살아온 논배미를 휘 돌아보며 앞으로 나아갔어. 오복이 할아버지 살아생전에 두 발로 걷던 길을 이제는 편안히 누운 채로 마을 사람들이 태워 주는 상여를 타고 가는 거지.

그렇게 길을 가다가 내를 건너는 좁은 외나무다리를 만나자, 상여 행렬이 주춤하고 멈춰 섰어. 혼자 가는 길이라면 가뿐하게 다리를 건너겠지만, 상여꾼 열둘이 두 줄로 나눠 서서 상여를 메고 건너야 하니 무척 조심스러웠어. 이럴 때는 상여꾼들이 서로 믿고 의지하며 한 몸처럼 박자 맞춰 한 발 한 발 조심스레 발걸음을 옮겨 놓아야 해. 서로 마음을 모으지 않으면 무거운 상여를 메고 외나무다리를 건널 수 없고, 서로 발이 맞지 않으면 다리에서 미끄러져 떨어질지도 모르거든.

상여꾼들이나 뒤에서 상여를 따라오는 사람들 모두 한마음으로 외나무다리를 조심스레 건넜어.

어느덧 상여 행렬은 산모퉁이를 돌아가 산길로 올라갔어. 무덤 가는 길이

오르막이라 상여꾼들 어깨가 무겁게 내려앉고 발걸음은 자꾸 느려졌어. 그러자 요령을 흔들며 앞소리를 메기던 요령잡이가 빠른 상엿소리로 상여꾼들의 발걸음을 재촉했어.

어느덧 상여가 장지에 이르렀어. 상여꾼들이 상여를 내려놓고 가래소리를 부르기 시작했어. 가래소리는 관을 묻기 위해 흙을 팔 때 부르는 소리야.

반듯하게 파 놓은 구덩이 속에 관을 내려놓자, 오복이네 식구들이 차례로 나와서 흙을 한 삽씩 뿌렸어. 이제 정말 영영 이별이라는 생각에 식구들이 낮게 울음을 터뜨렸어.

시신을 땅에 다 묻고 나자 상여꾼들이 달구소리를 하기 시작했어. 달구소리는 시신을 땅에 묻고 흙을 다지면서 부르는 노래야. 상여꾼들은 맴돌이를 하듯 빙글빙글 돌면서 위로 아래로 옮겨 다니며 물 한 방울 스며들지 못하도록 무덤의 흙을 차곡차곡 다졌지.

오복이 할아버지의 장례는 이렇게 해서 모두 끝이 났어. 새로 만들어진 무덤 앞에서 모두 고개를 숙이고 마지막 인사를 드렸지.

"부디 이승의 일은 다 내려놓고 편안히 좋은 곳으로 가세요."

오복이 아버지가 조용히 말했어.

세상에 태어난 사람이면 누구나 한 번은 가는 길, 삶에서 죽음으로 넘어가는 마지막 과정을 온 마을 사람들이 함께하며 슬픔을 나누고 서로 힘이 돼 주었어. 장례를 치르는 닷새 동안 뒤에 남은 식구들과 마을 사람이 한마음이 되어 오복이 할아버지를 잘 보내 드렸지.

"장례를 잘 치렀으니 오복이 할아버지는 좋은 곳으로 가셨을 거야."

"장례 같은 큰일이 있을 때 마을 사람들이 곁을 지켜 주고 서로 품을 나누는 게 우리네 미덕이지."

"아무렴. 이럴 때야말로 상부상조하는 마음이 필요하지."

집으로 돌아온 오복이 아버지는 마을 사람들에게 고마운 마음을 전했어.

"여러분이 도와주신 덕분에 저희 아버님 장례를 순조롭게 잘 치렀습니다. 이런 큰일을 당해 보니 마을 사람들이 나서서 힘을 보태 주는 게 얼마나 든든한 일인지 새삼 깨달을 수 있었습니다. 정말 감사합니다."

오복이 아버지는 고마운 마음으로 마을 향도에 얼마간의 돈을 내놓았어. 이 돈은 훗날 어느 집에 큰일이 생길 때 큰 보탬이 될 거야. 오복이 할아버지의 장례를 치를 때처럼 말이야.

불교 신도들의 모임에서 시작된 향도

향도는 '향을 피우는 무리'라는 뜻이야. 최초의 향도는 용화 향도로 알려져 있는데, 신라 진평왕 때 김유신을 중심으로 조직된 화랑도야. 불교의 영향력이 커지면서 화랑도가 향도라는 이름으로 변하게 된 거지. 향도가 처음 만들어졌을 때는 절을 짓거나 불상을 만드는 것, 절에서 법회가 열릴 때 시주를 하거나 음식을 만드는 것 등 신앙생활과 관련된 일을 했어. 하지만 고려 시대 후기로 내려오면서 관리들이 모이는 향도, 여자들만 모이는 향도, 농민들이 모이는 향도 등 향도의 성격과 종류가 다양해졌어.

조선 시대에는 두레의 역할이 점점 커지면서 향도의 역할은 줄어들었지. 대부분 시골 마을에서만 향도가 꾸려졌는데, 마을 사람끼리 모여 친목을 다지거나 장례를 치를 때 서로 도움을 주고받았어. 조선 시대 학자 성현은 《용재총화》에서 향도에 대해 이렇게 말했어. "대체로 이웃의 천민들끼리 모임을 갖는데 매월 돌아가면서 술을 마시고, 상을 당한 자가 있으면 같은 향도끼리 상복을 마련하거나 관을 준비하고 음식을 마련하며, 혹은 상여 줄을 잡아 주거나 무덤을 만들어 주니 이는 참으로 좋은 풍속이다."

마을과 마을이 만나는 정겨운 장터

• 장날 •

닷새마다 서는 장날은 시끌벅적 잔칫날 같아.
우리 마을 이웃 마을 온갖 사람들이 북적북적 몰려들어.
장터거리마다 기웃기웃, 볼거리 먹을거리 얘깃거리가 가득해.
반가운 얼굴도 만나고, 세상 돌아가는 이야기도 주고받아.

오늘은 까치 마을 사람들이 장에 가는 날이야. 재 너머 큰 장터에 닷새마다 장이 서는데, 오늘이 바로 장날이거든.

장날이 되면 마을 사람들은 그동안 농사지은 것이나 집에서 만든 물건을 장에 가지고 가서 필요한 물건과 맞바꾸거나 돈을 받고 팔았어. 그래서 장날은 잠시나마 농사일을 쉬고 장에 나가 필요한 것도 구해 오고 장터에서 파는 맛난 음식도 먹고 이웃 마을 사람들과도 만나는 휴일 같은 날이었어.

오늘은 점례도 이른 아침부터 어머니를 따라 장에 간다고 서둘렀어. 어머니가 여름을 지나고부터 밤을 새워 가며 짠 삼베 다섯 필을 들고 장에 간다기에, 점례도 어머니를 도울 겸 장터 구경을 하고 싶어서 따라나섰지.

"어머니, 삼베를 팔아서 뭘 사올 거예요?"

"이것저것 살 게 많단다. 소금이랑 미역도 사야 하고, 어물전에 가서 생선 몇 마리도 살 거야. 며칠 뒤 할아버지 제사 때 쓸 물건도 몇 가지 장만해 와야지."

"요번에 짠 삼베는 유난히 올이 가늘고 곱던데, 값을 잘 쳐서 받으면 좋겠어요."

"그렇기만 하면야 더할 나위 없이 좋지. 그럼 우리 점례가 좋아하는 떡도 좀 사고, 방물장수한테 거울이랑 빗도 새로 장만하자꾸나."

점례는 생각만 해도 기분이 좋은지 자꾸 벙싯벙싯 웃었어.

삼베 보퉁이를 머리에 이고 제법 먼 길을 걸어 점례 모녀가 장터에 다다랐어. 장터는 많은 사람들로 북적거렸지. 까치 마을뿐 아니라 가까운 이웃 마을에서도 모두 기다렸다가 장에 나온 듯 어찌나 사람들이 많은지, 어깨를 부딪고 발길에 채이면서 장터 골목을 걸어야 했어.

장에 나온 사람들에다 골목골목마다 자리한 이런저런 가게와 온갖 장사꾼들이 한데 모여 북새통을 이루었어. 쌀, 보리, 수수, 메밀, 콩, 팥, 깨, 누룩 등을 파는 싸전을 지나니 채소전과 나물전과 약초전이 있고, 그 옆에는

싱싱한 생선과 마른 어물이 놓여 있는 어물전이 나왔어. 또 포목전과 신발 가게가 있는가 하면, 기름집과 솜틀집도 보이고, 크고 작은 그릇이 쌓여 있는 옹기전과 솥전을 지나니 발갛게 달군 쇠로 호미도 만들고 낫도 만드는 대장간이 자리 잡고 있었지.

그 가게들 앞으로 지게에 나뭇단을 지고 가는 나무장수, 물을 실어 나르는 물장수, 바구니를 주렁주렁 매달고 있는 바구니 장수, 상 장수,

소금 장수, 모자 장수, 짚신 장수, 항아리 장수, 엿가위를 철걱거리는 엿장수, 알록달록 예쁜 댕기를 파는 댕기 장수 등이 왁자지껄 섞여 지나다니고 있었어. 점례는 여기저기 볼 게 많아 연방 고개를 둘레둘레 돌려 가며 한눈을 팔기 바빴어.

"어머니, 저기 저 댕기들 좀 보세요. 하나같이 어쩜 저리 곱죠?"

"어서 포목전부터 들르자. 예서 이리 꾸물대다가 이고 온 삼베를 팔기도 전에 장이 끝나 버리면 어쩌려고."

점례 어머니는 두리번거리느라 자꾸 뒤로 처지는 점례 손목을 잡아끌며 종종걸음을 쳤어. 두 사람은 서둘러 포목전 골목으로 들어섰지. 점례 어머니는 예전부터 드나들던 가게 안으로 성큼 들어갔어.

"그동안 잘 계셨어요? 요번에 두어 달 꼬박 매달려 길쌈한 삼베 다섯 필이에요. 이번 건 유난히 곱고 촘촘하게 잘 짜였어요. 값을 좀 잘 쳐 주세요."

포목전 아주머니는 오랜만에 찾아온 점례 어머니를 반겼어.

"오늘 우리는 아직 마수걸이 전이거든. 그러니 서로 기분 좋게 잘 흥정해 봅시다."

마수걸이는 하루 장사에서 맨 처음으로 물건을 파는 걸 말해. 장사하는 사람들은 마수걸이를 잘해야 하루 장사가 잘된다고 생각했지.

포목전 아주머니는 점례 어머니가 보퉁이를 끌러 꺼내 놓은 삼베를 꼼꼼히 살펴보고 손으로 가만가만 쓸어 보았어.

"아주 곱게 잘 짜였네. 그렇잖아도 시어른들 수의 만들 좋은 삼베를 구해 달라고 부탁한 집이 있는데. 그 집 며느님에게 좋은 물건 구했다고 알려 줘야겠군. 값은 섭섭지 않게 잘 쳐 주지."

"그럼, 그리해 주세요. 수의를 미리 만들어 놓으면 오래오래 사신다고 하잖아요. 이 삼베가 그렇게 쓰인다면 저도 마음이 좋네요."

"그나저나 가까운 이웃에 이렇게 길쌈 솜씨 좋은 참한 아가씨는 없수? 솜씨 좋은 여인네가 효심도 깊고 살림도 잘한다잖아. 우리 막내 시동생이 아직 장가를 못 가고 있는데, 좋은 처자 있으면 중신 좀 서 보지."

"우리 시조카 중에 얌전하고 솜씨도 야무진 아가씨가 하나 있긴 해요. 나이가 과년한 터라 좋은 배필을 찾고 있는데 마침 잘됐네요."

점례 어머니는 포목전에서 주인 아주머니와 이런저런 말을 주고받다가 들고 간 삼베도 기분 좋게 팔고, 뜻하지 않게 중신도 서게 됐지. 장터에서는 이런 일이 종종 일어났어. 물건을 사고파는 일만 있는 게 아니라, 장사꾼과 손님이 허물없이 세상 돌아가는 이야기를 나누기도 하고, 이 마을과 저 마을 사람들이 만나 서로 소식과 안부를 주고받기도 했어. 그

러다 보면 혼담이 오가기도 하고, 이웃 마을의 좋은 소식 궂은 소식을 전해 듣기도 했지.

점례 어머니는 삼베를 좋은 값에 팔게 되어 기분이 좋았어. 삼베길쌈 하느라고 몇 달 동안 밤잠을 잊고 고생한 보람이 있었지.

"어머니, 삼베도 잘 팔았으니 우리 맛있는 거 먹어요."

"그새 시장하니? 하기는 장터까지 시오리 길을 걸어왔으니 지금쯤 출출하기도 하겠지. 그럼 일단 요기를 하고 장을 보도록 하자. 뭘 먹을까?"

두 사람은 음식점과 주막이 늘어서 있는 주막거리를 기웃거렸어. 녹두를 맷돌에 갈아서 기름을 둘러 지글지글 부친 녹두 빈대떡과 수수부꾸미, 커다란 무쇠 솥에서 펄펄 끓고 있는 국밥과 선짓국, 고소한 콩가루에 버무린 인절미와 쫄깃쫄깃한 절편, 동그란 새알이 걸쭉한 팥 국물에 잠겨 있는 팥죽, 채 썬 도토리묵에 묵은 김치와 김 가루를 얹어 양념간장을 넣어 먹는 도토리묵밥 등 눈에 보이는 것마다 군침을 돋게 했어.

갖가지 먹을거리에 쉽게 마음을 못 정하고 기웃거리던 점례 모녀는 주막거리를 천천히 걸어오고 있는 수봉이 할아버지와 마주쳤어.

"어르신, 오늘 장에 나오셨네요."

"점례네도 나왔구먼. 나는 약초 몇 가지 구할 게 있어서 장에 나왔네. 장에 온 김에 우리 안사람이 좋아하는 자반고등어도 한 손 샀지."

빳빳하게 풀 먹인 옥양목 두루마기를 입은 수봉이 할아버지는 약초 꾸러미와 짚으로 묶은 자반고등어 두 마리를 들고 있었어.

"수봉이 할머니께서 좋아하시겠어요. 그럼 볼일 잘 보고 들어가세요."

점례 어머니가 인사를 하고 자리를 떴어. 두 모녀는 점례가 좋아하는 떡 가게로 발길을 옮겼지.

수봉이 할아버지도 장을 본 뒤 이제 슬슬 요기나 할까 하고 주막거리로 들어선 참이었어. 한데 저 앞에 오는 이가 고개 너머 메꽃 마을에 사는 바깥사돈이 아니던가.

"아이구, 이거 사돈 아니세요?"

"아, 사돈, 여기서 만나 뵙네요. 요즘 건강은 어떠신지요?"

"덕분에 몸도 아직 건사할 만하고, 집안도 두루두루 평안합니다."

"우리 딸아이가 사돈어른 봉양을 제대로 하는지 모르겠습니다."

장터 주막거리에서 마주친 두 노인은 반가운 마음에 한참이나 서서 안부를 묻고 정담을 나누었지.

"오랜만에 만났는데 주막에 가서 막걸리라도 한잔합시다."

두 노인은 주막에 자리 잡고 앉아 국밥을 안주 삼아 막걸리를 마시며 이야기꽃을 피웠어. 올해 백중날 농사 장원으로 뽑힐 만큼 듬직하게 일 잘하는 손자 수봉이 이야기, 얼마 전 세상을 뜬 오복이 할아버지 장례를 잘 치른 이야기, 메꽃 마을 박 영감네가 막내아들 장가보낸 이야기, 올해 지은 농사 이야기에 오늘 우시장에서 알아본 소 값 시세가 얼마더라 하는 이야기까지, 두 노인은 허물없이 세상 살아가는 이야기를 나누었어.

장터는 이처럼 반가운 이웃 마을 사람들이 만나 서로 안부를 묻고 소식

을 주고받는 곳이기도 했어. 장터에서 오랫동안 보지 못했던 친구나 일가친척을 만나기도 하고, 사돈을 만나 이웃 마을로 시집간 딸네 소식을 전해 듣기도 했어. 장터에서 만나 주고받는 이야기엔 기쁜 소식도 있고 슬픈 소식도 있었지만, 그 모든 이야기에 같이 웃고 울 수 있는 따뜻한 정이 담겼지.

"지난달에 우리 친정 큰오라버니 집에 늦둥이 아들이 태어났대요. 오랜만에 장터에서 고향 친구를 만나 소식을 들었어요."

"친정 나들이 한 지가 오래됐을 텐데, 장터에서 고향 소식을 들었구먼."

"송화 마을 김 진사 댁 둘째 도련님이 요번에 장원 급제를 했다지 뭔가."

"아유, 그 집에 큰 경사 났네요. 김 진사 댁뿐만 아니라 송화 마을에 한판 잔치가 벌어지겠네요."

"저기 대장간 옆 공터에서 남사당패가 신 나게 놀이를 벌이고 있네. 어서 구경 가세."

"그래서 시끌벅적한 풍악 소리가 장터에 쨍쨍 울려 대는군요."

"오늘 들른 남사당패는 줄타기 재주도 놀랍지만, 서로 주고받는 재담이 아주 익살스럽대요."

장터에서 세상 돌아가는 이야기를 발 빠르게 전하는 건 장돌뱅이들이었어. 장돌뱅이는 여기저기 돌아다니며 물건을 파는 사람이지. 장돌뱅이는 한 지역의 오일장이 끝나면 곧바로 다른 지역으로 옮겨 갔어. 이 마을 저 마을, 골골샅샅 안 다니는 곳이 없다 보니 세상 돌아가는 흐름이며 새로운 소식을 빨리 접할 수 있었지. 그래서 장돌뱅이들이 옮겨 다니는 곳마다 그즈음 세상에서 일어나는 일이 입에서 입으로 전해졌어.

"한성에 큰 도적이 나타나서 부잣집만 돌아다니며 도적질을 한다는 소문 들었어요? 욕심 많고 인색한 부자들 집을 털어서 가난한 집에 이것저것 나눠 준다네요."

"바다 건너 먼 나라에서는 편지에 우표란 걸 붙여 보내면 받을 사람에게 배달해 주는 제도가 있대요. 그럼 엄청 편할 것 같지요?"

오늘도 장터에서는 서로 필요한 물건을 사고파느라 왁자지껄 흥정이 이루어지고, 반가운 얼굴을 만나 서로 안부를 나누고, 세상 돌아가는 이야기가 입에서 입으로 전해졌지. 물건을 파는 사람, 사는 사람, 딱히 할 일 없이 나온 구경꾼까지 한데 어우러져 어우렁더우렁 살아가는 사연도 나누고 따뜻한 정도 주고받았어.

장터 나들이를 마치고 집으로 돌아가는 점례 모녀와 수봉이 할아버지의 봇짐에는 장터에서 사 온 물건 말고도 그득한 무엇이 더 담겨 있는 것 같았어. 타박타박 시오리 길을 걸어 까치 마을로 들어설 즈음, 당산나무가 이고 있는 하늘이 잘 익은 홍시처럼 발갛게 물들고 있었어.

온 마을 사람이 한데 모이는 장시

함께하는 공동체 이야기

조선 시대에 정기적으로 사람들이 모여 물건을 사고팔던 시장을 '장시'라고 해. 처음에는 15일이나 10일 만에 한 번씩 장시가 열렸는데, 점점 그 기간이 짧아지면서 대부분의 지역에서 5일마다 열리곤 했지. 그래서 5일장 장시는 30~40리마다 하나씩 열렸는데, 이는 장시가 열리는 곳 주변에 있는 여러 마을 사람들이 하루 동안 장을 볼 수 있을 만한 정도의 거리야. 또 상인들도 여러 장시를 번갈아 돌아다니면서 물건을 팔기에 적당한 거리였지.

장시는 온갖 물건을 사고파는 곳이기도 했지만, 여러 마을 사람이 한데 모여 서로의 소식과 갖가지 정보를 주고받는 곳이기도 했어. 또 사당패나 걸립패가 재미있는 볼거리를 펼치는 무대이기도 했고, 억울한 일을 당했거나 나라에 불만이 있을 때는 그 사연을 글로 써서 내다 붙이는 공간이 되기도 했지. 그래서 사람들은 꼭 사야 할 물건이 없더라도 장날이 되면 구경 삼아 장시에 가고는 했어.

온고지신 인터뷰
민속 문화 지킴이 임재해 교수님을 만나요

전통문화는 미래를 창조할 희망의 문화유산이에요

임재해 교수님은 한평생 민속학이라는 한 우물을 파고 있는 올곧은 민속 문화 지킴이예요. 학술 연구에 크게 이바지한 업적을 인정받아 월산민속학술상과 금복문화상을 받기도 했어요. 평생 학문만 닦아 온 학자답게 교수님의 연구실에는 발 디딜 틈 없이 빼곡히 책이 쌓여 있어요. 또 키다리 책상에는 커다란 컴퓨터 화면이 두 대나 놓여 있지요. 임재해 교수님은 서서 연구를 하다 보면 항상 깨어 있어 더 열심히 연구할 수 있대요. 교수님과 나눈 구수하고 흥미로운 우리 전통문화 이야기를 들어 보아요.

한때는 초등학교 선생님으로, 또 지금은 대학교수님으로 평생 공부만 해 오셨는데 어렸을 때부터 공부를 좋아하고 잘하셨나요?

지금은 키가 크지만 어렸을 때는 키도 작고 몸이 아주 약했어요. 친구들 사이에도 잘 끼지 못하고, 늘 얻어맞고 다녔어요. 요즘 말로 하면 왕따였지요. 네 살 때 어머니가 돌아가시고 새어머니 밑에 자라면서 별로 보살핌을 받지 못했어요. 소풍 갈 때도 평소처럼 도시락만 달랑 싸 주었지요. 그렇게 새어머니가 어려우니까 늘 마음속에 '이 어려움에서 벗어나야 한다. 그러려면 계속 공부해야 한다'는 생각을 갖고 있었지요. 하지만 공부를 썩 잘하지는 못했어요. 그러다가 안동교육대에 다닐 때 교생 실습을 나갔는데, 그제야 내 실력이 얼마나 부족한지 절실히 깨달았어요. 그동안은 교사를 대단하게 생각하지 않았는데, 막상 학교에서 아이들을 가르치는 선생님들을 보니 그게 아니었지요. 대단한 선생님들이었어요. 그때부터 정말 제대로 공부해야겠다는 생각이 들더라고요. 그래서 초등학교 교사로 일하면서 다시 영남대 국문학과에 들어갔고, 그 뒤로 대학원에서 석사와 박사를 마치고 지금까지 줄곧 안동대에서 학생들에게 민속학을 가르치고 있지요. 한마디로 제 인생은 '계단을 오르는 거북이'라고 표현할 수 있어요.

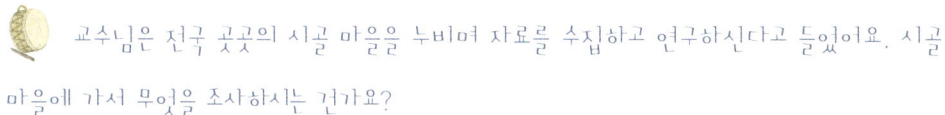

제가 연구하는 것은 왕릉이나 석탑, 건축물 같은 유형 문화재가 아니라 옛날부터 대대로 마을에 전해 내려오는 풍속이나 전설, 노래 같은 무형 문화재예요. 유형 문화재는 관리만 잘해 주면 오랜 세월이 지나도 옛 모습 그대로 남아 있습니다. 하지만 무형 문화재는 그때그때 수집하고 조사해 놓지 않으면 어느 틈에 사라질지 모릅니다. 무형 문화재는 사람 중심이기 때문에 옛것을 가진 사람이 죽거나 없어지면 그 문화도 사라져 버리거든요.

마을 어르신들과 함께 이야기를 나누며 민속 조사를 하고 있어요.

그래서 제가 늘 입버릇처럼 하는 말이 있어요. "할머니 한 분이 돌아가시면 박물관 하나가 없어지는 것과 같고, 할아버지 한 분이 안 계시면 도서관 하나가 없어지는 것과 같다."고요. 그분들이 돌아가시기 전에 얼른 가서 이야기도 듣고 노래도 녹음해서 기록으로 남겨야 하니까 늘 발걸음이 바쁘지요. 우리 어르신들이 살아온 삶의 슬기와 지혜를 조사하고 공부하는 것은 후손들의 미래를 위한 가장 든든한 자산이라고 생각합니다.

요즘처럼 모든 게 빠르게 변하는 첨단 과학 시대에 전통문화를 보존하고 계승하는 일이 왜 그렇게 중요한 건가요?

전통문화는 수천 년에 걸쳐 우리 조상들이 살아온 삶의 자취이면서, 동시에 우리가 어떻게 살아야 하는지를 알려 주는 소중한 경험입니다. 마을 민속 중에는 오늘날 우리가 꼭 배워야 할 삶의 지혜가 아주 많지요. 그중 대표적인 것으로 마을 공동체 문화를 꼽을 수 있습니다. 시골 어르신들이 하는 말 가운데 "길쌈하는 것을 보고도 같이 거들어 주지 않고 그냥 지나가면 나중에 속옷 벗고 죽는다."는 것이 있어요. 이 말은 자기 편한 것만 생각하지 말고 서로 도와 가며 살라는 뜻이지요. 공동체 문화가 살아 있는 시골 마을에 가면 비록 집은 초라할지 모르지만 노숙하는 사람이 없고, 먹을 게 풍족하진

어린이들과 함께 문화재 답사를 하며 우리 전통문화에 대해 들려주고 있어요.

않아도 밥을 굶는 사람이 없어요. 모두 함께 어우러져 일하고 먹고 노는 모듬살이 정신이 서로를 따뜻하게 보듬고 돌봐 주기 때문이지요.

　지금은 도시의 기술 문명과 경쟁 생활이 사회를 이끌어 가고 있는 것처럼 생각되지만, 앞으로는 자연환경 속에서 생활하는 모듬살이 문화와 서로 협력하는 공동체 사회가 더 바람직한 것으로 받아들여질 거예요. 우리는 이미 그쪽으로 가고 있어요. 서울에서도 시골처럼 마을 만들기는 물론 텃밭 가꾸기를 하고 협동조합 운동까지 벌이고 있지요. 수돗물과 보리차를 마시다가 모두 생수를 마시는 것, 또는 맥주와 양주를 마시다가 막걸리를 건강 술로 다시 찾는 것 등은 모두 전통문화가 곧 미래 문화라는 것을 입증하는 보기이지요. 미래를 위해서도 전통문화를 지키고 가꾸는 일은 아주 중요합니다.

 우리 고유의 풍속 가운데 특이하고 재미있는 것이 많을 텐데, 어떤 것이 있나요?

농민들이 일하러 갈 때 제일 앞장서는 것이 풍물인데, 우리나라에만 있는 풍속이지요. 일터로 가면서 풍물패가 앞장서서 풍물을 치고 농민들은 어깨춤을 추며 따라가지요. 두레로 모내기를 하거나 논매기를 할 때에는 일터에서도 풍물패들이 풍물을 치며 일꾼들의 신명을 돋우었지요. 서양학자들은 공장 노동자들에게 음악을 들려주었더니 일의 능률이 올라간다는 사실을 뒤늦게 터득했어요. 하지만 우리는 예전부터 아예 음악을 연주하고 듣고 즐기며 신바람 나게 일을 했답니다. 풍물 가락에 흥을 돋우며 놀이처럼 일을 하면 일을 더 잘할 수 있다는 사실을 깨달았던 거지요.

또 '아이 팔기'라는 아주 재미난 풍속도 있어요. 대개 자손이 귀한 집에서 아이가 자꾸 병치레를 하면 산이나 바위, 나무, 강 등 자연물에다 아이를 파는 거예요. 아이를 팔고 나면 이름도 바꾸어 부르지요. 아이를 바위에 팔면 '바우'라 했고 산에 팔면 '범'이라 했어요. 이렇게 하면 아이가 자연의 힘으로 건강하게 잘 자랄 수 있다고 믿었지요. 아이 팔기 풍속은 '자연이 곧 인간의 부모'라는 믿음에서 비롯된 것으로, 이런 생각을 갖고 있으면 환경 오염이나 자연 파괴와 같은 일은 절대 벌어지지 않을 거예요. 오늘날 우리가 꼭 배워야 할 정신이라고 봅니다.

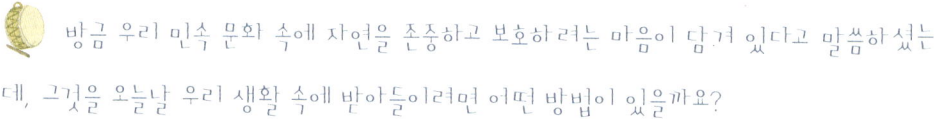 방금 우리 민속 문화 속에 자연을 존중하고 보호하려는 마음이 담겨 있다고 말씀하셨는데, 그것을 오늘날 우리 생활 속에 받아들이려면 어떤 방법이 있을까요?

옛날 어렸을 적에 저는 어머니에게 "세숫물을 많이 쓰면 저승 가서 모두 마셔야 한다."는 말을 자주 들었습니다. 그 뒤로 매일 아침 세수를 할 때면 그 생각이 납니다. 옛날엔 물이 흔했는데도 늘 물을 아끼도록 강조하셨던 거지요. 그와 마찬가지로, 오늘날에도 우리 아이들에게 "잘 때 불을 켜 놓고 자면 죽을 때 눈을 뜨고 죽는다."거나 "수도꼭지를 잘 잠그지 않으면 잘 때 오줌 싼다." 같은 이야기를 들려주면 좋겠다고 생각합니다. 이런 말을 들려주면 알게 모르게 조심하게 되지요. '하지 마라, 안 된다'고 말하는 것보다 훨씬 교육적인 효과를 거둘 수 있는 방법이지요.

마지막으로 우리 어린이들에게 꼭 들려주고 싶은 말씀이 있다면요?

요즘 우리 사회에는 '문화 되돌이 현상'이 많이 나타나고 있어요. 오랜 세월 전통적으로 내려온 생활 방식이지만 우리는 별것 아니라 생각해서 그냥 버려두었던 것들이 다시금 그 가치를 인정받게 된 거지요. 예를 들어 김치와 쌀밥과 된장 등이 건강식품으로 각광받고, 아기를 포대기로 업어 키우고 잠잘 때도 같이 데리고 자는 우리 육아법이 서구에서는 '애착 육아법'이란 이름으로 새롭게 받아들여지고 있답니다. 아직 과학적으로 밝혀지지 않아서 그렇지, 우리 전통문화 중에는 그런 소중하고 가치 있는 것이 아주 많다고 생각해요. 다만 우리에게 그 가치를 제대로 볼 줄 아는 눈이 있어야 하는데, 그런 눈을 가지려면 어렸을 때부터 전통문화를 가까이에서 배우고 체험할 기회가 많아야 합니다. '오래된 미래'라는 말처럼 우리 어린이들이 오랫동안 이어져 온 우리 전통문화 속에서 미래를 풍요롭게 가꿔 나갈 지식과 지혜를 얻을 수 있으면 좋겠어요.

민속 문화 지킴이 임재해 교수님

안동에서 태어난 임재해 교수님은 안동교육대를 졸업한 뒤 초등학교 선생님으로 아이들을 가르쳤어요. 그 뒤 영남대 국문학과를 거쳐 같은 대학교 대학원에서 민속학을 전공하여 박사 학위를 받았지요. 지금은 안동대 민속학과 교수로 있으면서 학생들과 함께 전국 곳곳의 마을을 누비며 전통문화를 조사하고 연구해요. 《마을문화의 인문학적 가치》, 《민족신화와 건국영웅들》, 《신라 금관 기원을 밝힌다》 등 30여 권의 책을 냈으며 학술 연구에 크게 이바지한 업적을 인정받아 제4회 월산민속학술상과 제26회 금복문화상을 받았어요.

온고지신 정보마당

아름다운 품앗이로 행복한 마을을 만들어요

전통의 계승이란 옛날로 다시 돌아가자는 것이 아니라, 옛날부터 전해 내려오는 훌륭한 생활 문화를 지금 우리 시대에 맞게 창조적으로 받아들이자는 것이에요. 요즘 우리 주위에는 품앗이, 두레, 계와 같은 우리 민족 고유의 공동체 문화와 정신을 되살리고자 하는 움직임이 활발히 일어나고 있어요. 서로 돕고 나누고 보살피는 전통을 오늘날에 맞게 바꾸며 '더불어 사는 삶'을 실천하는 새로운 마을 공동체에 대해 알아볼까요?

지역 화폐 '두루'로 마음과 행복을 나누는 한밭레츠

2000년에 만들어진 대전의 한밭레츠는 우리나라에서 가장 오래, 또 아주 활발하게 지역 품앗이 활동을 벌이는 공동체 모임이에요. 레츠(LETS)는 지역 교환 거래 체계(Local Exchange Trading System)의 첫 글자를 딴 말로, 마을 공동체에서 쓸 수 있는 지역 화폐를 만들어 이웃끼리 노동과 물품을 교환할 수 있게 하는 제도예요. 한밭레츠에서 쓰는 지역 화폐는 '두루두루 나누고 돕자'는 뜻을 담아 '두루'라는 이름으로 불러요. 1두루는 1원으로 회원끼리 거래할 때 현금처럼 쓸 수 있는데, 지금은 주로 한밭레츠 인터넷 홈페이지(http://www.tjlets.or.kr/)를 통해 거래를 하고 있답니다. 홈페이지 게시판을 이용하거나 등록소에 문의를 한 다음 거래하고 싶은 이웃과 직접 연락해서 의논하는 것이지요. 이렇게 서로 물건을 사고팔고, 또 도움을 주고받으면서 이웃 간의 정을 돈독히 쌓아 나가는 것이에요.

소통이 있어 행복한 집을 꿈꾸는 성미산 공동 주택

서울 마포구의 성미산 마을에는 여러 가구가 한 건물에서 모둠살이를 하는 공동 주택이 있어요. '소통이 있어 행복한 주택'이란 뜻으로 '소행주'라 불리는 성미산 공동 주택은 2011년 처음으로 문을 열었는데, 아홉 가구가 함께 모여 땅을 사고 집을 짓는 것부터 시작했지요. 그리고 한 건물에 같이 살면서 아이들도 돌보고 공동 주방에서 식사를 하며 문화생활도 함께 즐긴답니다.

공동체 화폐로 도움을 주고받는 서울 e품앗이

서울 e품앗이는 서울 시내 어디서나 쓸 수 있는 공동체 화폐 '문'을 가지고 회원들끼리 물건뿐만 아니라 아기 돌보기, 학습 지도, 자동차 수리 등 각종 서비스를 거래할 수 있는 교환 제도예요. 일대일로 도움을 주고받던 옛날 품앗이와 달리, 인터넷 홈페이지를 통해 가입한 회원이라면 그 누구와도 도움을 주고받을 수 있는 오늘날의 품앗이지요.

부산 마을 공동체를 대표하는 희망 세상

부산 해운대구에 있는 반송 마을은 '가난한 동네, 사람들이 떠나가는 동네'를 어떻게 하면 '살기 좋은 동네, 희망에 찬 동네'로 탈바꿈시킬 수 있는지를 잘 보여 주어요. 마을 사람들이 함께 모여 '반송을 사랑하는 사람들'이라는 지역 공동체 모임을 만들고, 이를 중심으로 다양한 활동을 벌여 지금은 많은 사람들이 살고 싶어 하는 동네로 바뀌었답니다.

도움 받은 책과 인터넷 사이트

고수산나 * 《얼쑤절쑤 사물놀이》 * 문원

김은하 * 《어절씨구! 열두 달 일과 놀이》 * 길벗어린이

우리누리 * 《나누는 즐거움 우리 공동체》 * 주니어중앙

주강현 * 《두레, 농민의 역사》 * 들녘

주영하 * 《시끌벅적 볼거리 넘치는 옛 장터》 * 주니어랜덤

한국역사연구회 * 《조선시대 사람들은 어떻게 살았을까》 * 청년사

햇살과나무꾼 * 《장승과 솟대가 들려주는 우리 풍속 이야기》 * 해와나무

홍성찬 * 《얼씨구 절씨구 풍년이 왔네》 * 재미마주

문화콘텐츠닷컴 * http://www.culturecontent.com

일러두기

- 맞춤법, 띄어쓰기는 국립국어연구원에서 펴낸 〈표준국어대사전〉을 기준으로 삼았습니다.
- 외국 인명, 지명은 국립국어연구원의 〈외래어 표기 용례집〉을 따랐습니다.
- 날짜는 음력과 양력을 구분하여 표기하였습니다.
- 전통 풍습과 의례 등은 시대와 지역에 따라 차이가 많이 날 수 있으므로 전통문화에 대한 어린이들의 눈높이에 맞춰 내용을 구성하였습니다.
- 이 책에 사용한 모든 자료의 출처를 밝히기 위해 최선을 다하였습니다. 누락되었거나 잘못된 점을 알려 주시면 바로잡겠습니다.
- 사진 제공 및 저작권자 : 굿이미지 8-9, 82-83 | 토픽이미지 24-25, 38-39, 54-55, 68-69, 96-97, 112-113 | 이종원 126 | 임재해 129,130 | 한밭레츠 134 | 구로e품앗이 135 | 반송 느티나무도서관 135

토토 우리문화 학교 10
나누고 돕는 마을 공동체 이야기

초판 인쇄 2013년 5월 13일 | **초판 발행** 2013년 5월 30일 | **글** 이장원 | **그림** 정인성 | **인터뷰 진행** 김현숙 | **편집기획** 이세은, 아우라 | **디자인** 퍼블릭디자인섬 | **마케팅** 강백산, 이은영 | **펴낸이** 이재일 | **펴낸곳** 토토북 121-210 서울시 마포구 서교동 380-6 원오빌딩 3층 | **전화** 02-332-6255
팩스 02-332-6286 | **홈페이지** www.totobook.com | **전자우편** totobook@korea.com | **출판등록** 2002년 5월 30일 제10-2394호
ISBN 978-89-6496-131-5 74380 • **ISBN** 978-89-6496-083-7 74380(세트)
ⓒ 이장원, 정인성 2013 | 이 책은 저작권법에 의해 보호를 받는 저작물이므로 무단 전재 및 무단 복제를 금합니다. 잘못된 책은 바꾸어 드립니다.